SUPER SOPAS

Si este libro le ha interesado y desea que lo mantengamos
informado de nuestras publicaciones, puede escribirnos a
comunicacion@editorialsirio.com,
o bien suscribirse a nuestro boletín de novedades en:
www.editorialsirio.com

Diseño de portada: Editorial Sirio, S.A.

©   de la edición original
    2016 Ana Benítez

©   de la presente edición
    EDITORIAL SIRIO, S.A.

EDITORIAL SIRIO, S.A.
C/ Rosa de los Vientos, 64
Pol. Ind. El Viso
29006-Málaga
España

NIRVANA LIBROS S.A. DE C.V.
Camino a Minas, 501
Bodega nº 8,
Col. Lomas de Becerra
Del.: Alvaro Obregón
México D.F., 01280

DISTRIBUCIONES DEL FUTURO
Paseo Colón 221, piso 6
C1063ACC
Buenos Aires
(Argentina)

www.editorialsirio.com
sirio@editorialsirio.com

I.S.B.N.: 978-84-16579-65-5
Depósito Legal: MA-842-2016

Impreso en Imagraf Impresores, S. A.
c/ Nabucco, 14 D - Pol. Alameda
29006 - Málaga

Impreso en España

Puedes seguirnos en Facebook, Twitter, YouTube e Instagram.

Ana Benítez

80 recetas veganas para toda la familia

EDITORIAL
SIRIO

A
Salma
y
Daniel

Introducción

Junto a nuestros primeros platos, los modernos aparatos de cocina, los hornos, las comidas rápidas y los alimentos preparados, siempre hay un plato que de repente retomamos y nos alegramos de no haber olvidado. Y es que este plato es versátil donde los haya. No hay nadie a quien no le guste. Es uno de los menús más antiguos, sencillos de elaborar y reconfortantes que ha conocido la humanidad. Estoy hablando de la SOPA.

Este libro supone una reivindicación para que las sopas y las cremas recuperen el lugar que durante cientos de años han ocupado en nuestra cocina. En diferentes épocas históricas la sopa ha estado siempre presente en nuestras mesas, independientemente de la cultura y de la clase social. Ha representado tanto un manjar para los paladares más exquisitos como un salvavidas para gran parte de la población en épocas de guerra y de carencia. No importa las circunstancias históricas, sociales y políticas del momento, la sopa siempre ha estado presente para alimentar a gran parte de la humanidad.

En los últimos años se ha relegado a entrante de menú, especialmente para templarse en épocas de frío; o bien se utiliza para aprovechar las sobras y así no desechar alimentos, o como comodín cuando no hay una mejor opción en mente para ese momento. Pues bien, aunque puede seguir siendo todo esto, también se puede hacer de la sopa un delicioso manjar ya que no hay otro plato que dé más juego en la cocina que el protagonista de este libro. Su versatilidad no tiene límites. Solo los que tú le pongas. Podemos utilizar cualquier alimento (verduras, frutas, legumbres, cereales, frutos secos, semillas...), en cualquiera de sus variadas formas (bebidas vegetales, germinados, aguas enzimáticas, mantequillas y concentrados), usar diferentes texturas (sopa, consomé o crema), servir a diferentes temperaturas (fría o caliente), llenarla de nutrientes saludables (vitaminas, minerales, proteínas, enzimas), jugar con los sabores y aromas gracias a las especias, emplear ingredientes crudos o cocinados, y elegir el color que queramos o dejar que la naturaleza cree el color con los ingredientes que le pongamos. En fin, utiliza tu imaginación y experimenta: el límite está en la creatividad con la que te manejes en la cocina y en el tiempo y los ingredientes que tengas en ese momento.

Las ochenta recetas de sopas y cremas que te presento en este libro son una base sobre la que empezar a elaborar tus propias recetas. Si no sabes por dónde empezar, aquí tienes una buena selección de las mejores sopas que he tenido la oportunidad de elaborar. Algunas son mías y otras de personas a las que sigo en las redes y que me inspiran en mi manera de cocinar. A todas ellas les une su gusto por la alimentación saludable y la generosidad que desprenden al compartir las recetas de sus elaboraciones a través de diferentes medios. Estas recetas no son inamovibles, sino que sus ingredientes están en continua transformación gracias a las personas que las elaboran. Tú puedes convertirte en una de estas personas. Te animo a que lo hagas.

Espero que este libro te guste. Sobre todo espero que te motive a cocinar sopas y cremas que os nutran tanto a ti como a tu familia con ingredientes saludables y naturales.

Origen y clasificación
de las sopas

La palabra *sopa*, al igual que su equivalente en otros idiomas (*soup* en inglés, *soupe* en francés o *zuppa* en italiano), procede del germánico occidental *suppa*, que se refería a una rebanada de pan sobre la que se vertía un caldo. Fue posteriormente latinizado en *suppa* en torno al año 500 d. de C., conservando su sentido original. A lo largo de la Edad Media pasó a definir a la vez los trozos de pan que se cortaban para remojar en un caldo y el mismo caldo o líquido que se espesaba con pan.

No se sabe con precisión dónde se halla el origen de la sopa, pero la mayoría de los expertos lo sitúan en tiempos remotos. En un artículo que Carlos Azcoitya escribió para la revista *Historia de la cocina*, afirma que el origen de la sopa se puede remontar a época paleolíticas, cuando el hombre descubrió el fuego y como consecuencia descubrió la facilidad de ablandar los alimentos echándoles tan solo un poco de agua y poniendo dentro lo que hubiera disponible.

Originariamente las sopas tenían como uno de sus principales componentes el pan seco no aprovechable que se ponía a remojar, las llamadas sopas de pan, que muy probablemente constituyeron un alimento básico de las diversas culturas culinarias mediterráneas y europeas en general. En algunos tratados gastronómicos se destaca la sopa como la comida que se daba a los pobres en los conventos. Incluso generaciones cercanas a la actualidad han dependido de ella en épocas difíciles, de guerras y carencias. Si tenemos en cuenta que antiguamente el pan era a veces la base de la alimentación de muchas familias, comprenderemos cómo generaciones enteras han tenido la sopa como su principal alimento y a menudo la base de su propia supervivencia.

Pero los tiempos van cambiando y con ellos la evolución del concepto de sopa. Hoy en día las sopas pueden o no tener pan, ser claras o espesas, dulces o saladas, cremosas, caldosas o con tropezones, frías o calientes, y así hasta un sinfín de posibilidades.

Según la RAE, *una sopa es un plato compuesto de un caldo y uno o más ingredientes sólidos cocidos en él.* Esta fórmula la podemos enriquecer de diversas maneras pero siempre manteniendo la importancia del líquido en nuestros preparados. En algunos casos posee ingredientes sólidos de pequeño tamaño sumergidos en su volumen. O bien se puede espesar añadiendo al final de la cocción pan o cereales como el arroz, fideos o pasta menuda. Y la versión que quizá más se ha extendido en los últimos años es la preparación de cremas espesas, que consiste básicamente en triturar los ingredientes con una batidora o similar hasta conseguir una textura cremosa. Es un plato que se suele servir generalmente al inicio de cada comida.

El caso es que la preparación de sopas, al igual que el arte de la cocina, ha ido evolucionando con el paso del tiempo, adaptándose a todo tipo de épocas y culturas. Por lo tanto, su elaboración no ha sido algo fijo y definitivo sino que cada receta se ha ido abriendo a un mundo de posibilidades, como un cuadro que adornamos con verduras de temporada, hierbas frescas, especias, cereales e incluso frutas.

En algunas ocasiones suelen tomar su nombre de los *ingredientes utilizados*, con propiedades nutricionales y saporíferas características: sopa de calabaza, caldo de arroz, sopa juliana, sopa de espárragos, crema de almendras, etc. También suelen adquirir *nombres relacionados con la región* en la que se han originado, como es el caso de la sopa minestrone —cuyo origen está en Italia—, la sopa vichyssoise —variante de una receta de la cocina tradicional francesa— o el gazpacho andaluz —plato tradicional de Andalucía (España).

Hoy en día se puede decir que la composición básica de la sopa se ha enriquecido bastante, llegando a ser más compleja pero manteniendo su sencillez, uno de los motivos de que se haya perpetuado con los años. Los componentes esenciales de la sopa según su función se pueden diferenciar así:

Base líquida: agua, caldo de verduras, leche o rejuvelac.

Parte sólida: fundamentalmente verduras o frutas de temporada, cereales, legumbres o carnes.

Parte grasa: aceite de oliva virgen extra o de otra clase. En sopas frías pueden emplearse aguacates.

Especias y sazonadores: sal, ajo crudo o hierbas aromáticas secas o frescas.

Espesantes: un elemento no imprescindible. Los más usuales son las harinas integrales de cereales o las legumbres.

Tropezones: pan tostado, dados de verduras crudas, germinados o semillas molidas.

En cuanto a la clasificación de los diferentes tipos de sopas, podemos distinguir en líneas generales la existencia de *sopas frías y sopas calientes* en función de la temperatura en que las elaboramos y servimos. Otros criterios de clasificación serían según los principales ingredientes que contenga: *sopas o cremas de verduras, de cereales o de legumbres*. También podemos hablar de *sopas crudiveganas, de semillas, de frutos secos, cremas verdes o estacionales* (sopas de primavera, verano, otoño o invierno) o *sopas de temporada* (utilizando frutas y verduras de temporada). La clasificación es tan diversa como las personas que las cocinan.

Ingredientes

principales

Frutas y verduras

Sin duda el elemento estrella en la elaboración de cualquier sopa o crema son las verduras o las frutas. Las verduras las usamos para todo tipo de sopas y cremas, y las frutas fundamentalmente para las frías. Son los alimentos más variados que existen en cuanto a sabor, nutrientes, color y textura, por lo que prácticamente con cada verdura y fruta puedes elaborar una sopa y una clasificación diferente.

Los primeros huertos famosos de los que se tiene constancia son los jardines colgantes de Babilonia, en los que, junto a bellas especies ornamentales, aparecían pepinos, calabazas, berenjenas, cebollas, cereales y árboles frutales. Y a partir de ahí,

en prácticamente todas las culturas, las verduras y las frutas han constituido uno de los principales alimentos de toda la población, y la tierra se ha convertido en la principal fuente de alimentación gracias a la agricultura.

El consumo de fruta y verdura se ha asociado con una disminución en el riesgo de padecer enfermedades, especialmente si se consumen crudas, no han sido sometidas a pesticidas tóxicos y las cocinamos a bajas temperaturas y de manera saludable para que no pierdan sus nutrientes, o al menos la mayor parte de ellos. El color de los frutos o vegetales se debe a la presencia de fitoquímicos, compuestos que además de contener el pigmento del vegetal, incluyen sustancias para combatir enfermedades degenerativas del cuerpo humano, además de brindar efectos beneficiosos para la salud y el bienestar. A estos fitoquímicos, que no son ni vitaminas ni minerales, también se los conoce como fitonutrientes. Los *fitonutrientes* son compuestos presentes en el mundo vegetal responsables, además de otorgarle el colorido a las frutas y las verduras, de conferirles su sabor y olor, así como de protegerlas de los rayos ultravioleta. Estas sustancias también ayudan a las plantas a combatir infecciones bacterianas, virales y micóticas y les permiten defenderse y resistir a las inclemencias del tiempo y presiones de su entorno como los insectos, depredadores, plagas, sequía, etc.

Uno de los problemas de la agricultura de hoy en día es que se ha extendido considerablemente el uso de los pesticidas y fertilizantes para aumentar la producción, acelerarla y obtenerla en cualquier momento sin respetar las temporadas de cosecha y recolección de las frutas y verduras. Como consecuencia, los vegetales no solo pierden la mayoría de sus nutrientes, sino que además ingerimos tóxicos.

Las recomendaciones de asociaciones como por ejemplo la Fundación Dieta Mediterránea para consumir verduras lo más saludables posible son:

- Consumir verduras ecológicas, ya que diversos estudios científicos confirman que la calidad nutricional de los alimentos ecológicos es muy superior a la de los convencionales.
- Consumir frutas y verduras de temporada, ya que es cuando están en su mejor momento y son más sabrosas y de mejor calidad.
- Adquirir productos locales que no hayan sido sometidos a largos viajes para llegar a su destino. Cuando es así recolectan las frutas y las verduras antes de su maduración para que soporten el transporte. Además, así fomentamos el consumo local y apoyamos a los productores de nuestra zona. Piensa global, consume local.

A veces la naturaleza, con su perfecta sabiduría, nos ayuda a combatir o prevenir ciertas enfermedades regalándonos alimentos como el ajo, la granada, los frutos silvestres o la cebolla. Si quieres abastecer tu despensa de salud y prevenir enfermedades, llénala de frutas y verduras fundamentalmente. Además, algunas están consideradas verdaderos alimentos-medicamento por su concentrado de nutrientes, entre ellas *el ajo, la cebolla, el tomate, el apio, las frutas silvestres o la manzana.*

¿Cómo cocinar las verduras?

Lo ideal es no someterlas a frituras llenas de aceite y a altas temperaturas. De nada sirve que aumentemos el consumo de verduras si luego se van a cocinar de tal manera que se van a anular sus nutrientes. Hay modos muy saludables de sofreír los alimentos para que mantengan su sabor, color, aroma y nutrientes. La mayoría de las verduras se pueden consumir crudas, con lo cual si lo que queremos es ablandarlas basta con que añadamos un poco de agua y cocinemos a baja temperatura sin necesidad de someterlas a bruscos métodos de cocción.

Las recomendaciones de la doctora Odile Fernández en su maravillosa obra *Mis recetas anticáncer* para cocinar las verduras son:

- Al vapor: es el método de cocción más saludable para el organismo ya que las verduras pierden menos vitaminas y conservan la mayor parte de sus sales minerales. El tiempo de cocción depende del tipo de verdura que se cocine. Si tenemos una vaporera con varios niveles, pon las verduras más duras en la bandeja inferior y las más blandas en la superior. Dependiendo de las verduras y la vaporera que usemos, el tiempo de cocción será mayor o menor. Pero en torno a entre quince y veinte minutos debería ser suficiente.

- Cocción: quizá el método más extendido. La recomendación es no llegar nunca a los 100 grados o, lo que es lo mismo, que no hierva el agua. Debemos añadir las verduras cuando el agua empiece a hervir, y enseguida bajar el fuego y cocinar a temperatura baja-media con la olla tapada. Evita cocciones prolongadas y usa el agua justa que vas a necesitar.

- Sofritos: muchas de las recetas que encontrarás en este libro requieren de un sofrito como base para preparar el plato en cuestión. Si la receta lo requiere, las recomendaciones son emplear siempre poco aceite de oliva virgen extra, nunca reutilizar el aceite y sofreír a temperatura baja y durante el menor tiempo posible. No dejes que las verduras se quemen o se ennegrezcan, sino que hay que dorarlas levemente. Si ves que no es suficiente con el aceite requerido, puedes añadir un poco de agua u otro líquido.

En cuanto a las *frutas*, se recomienda su consumo en crudo.

Cereales

Los cereales enriquecen tremendamente nuestra cocina y también nuestras sopas. Además, el consumo regular de cereales integrales previene la aparición de muchas enfermedades debido a su riqueza nutricional y sus beneficiosas propiedades. El trigo y el arroz son los principales cereales y los que más solemos consumir pero hay muchos otros que hoy en día podemos encontrar con facilidad sin tener que ir a tiendas especializadas, entre ellos la *cebada,* el *mijo,* la *avena,* el *centeno,* el *maíz,* el *amaranto,* el *kamut,* la *quinoa* o el *trigo sarraceno.* Son todos granos básicos que forman parte de la dieta de la mayoría de la población mundial y que otorgan a las sopas y cremas diferentes texturas, sabores y propiedades.

La palabra *cereal* viene de Ceres, una de las grandes divinidades de la mitología romana, diosa de la agricultura y madre de Proserpina. En la mitología griega corresponde a Deméter, diosa de los granos y de las cosechas. Todas las civilizaciones han dependido, en gran parte, del cultivo del cereal. De Oriente a Occidente cada región ha desarrollado el cultivo de uno u otro tipo. Las culturas de Babilonia, Egipto, Grecia, Roma y Europa se basaron en el cultivo del trigo, la cebada, el centeno y la avena; India, China, Japón y Oriente, en general en el arroz; los pueblos precolombinos de América, el maíz y la quinoa, y en África fueron el mijo y la cebada los cereales básicos.

En su estructura fundamental todos los granos de cereales son parecidos. Tomemos como ejemplo la estructura del grano de trigo:

Pericarpio (salvado): es la capa externa del grano, compuesta a su vez por multicapas que recubren el resto de la semilla para protegerla de la luz solar, el agua y las enfermedades propias de la

planta. Entre el 50 y el 80% de la composición del salvado es fibra dietética insoluble y soluble, vitaminas B y oligominerales como hierro, cobre, zinc y magnesio

Endospermo: es la parte media del grano, la que le proporciona energía a la semilla para su ciclo de vida natural, por lo que es rica en almidón. Constituye la proporción más grande del centro de la semilla y representa aproximadamente el 85% de su peso. Contiene proteínas y carbohidratos.

Germen: es la parte interna del grano y un componente menor en el peso de este. Aporta nutrientes como antioxidantes y fitonutrientes, vitaminas del complejo B y vitamina E, minerales, proteínas y grasas monoinsaturadas.

Actualmente está extendido el consumo de cereales refinados. La diferencia entre los cereales refinados y los integrales es muy relevante ya que los primeros están modificados, de forma que se elimina mecánicamente el salvado y el germen, ya sea a través de la molienda o del tamizado selectivo. Además, el proceso de refinado puede incluir el blanqueado o incluso la adición de bromato de potasio, un conocido carcinógeno. Básicamente se desecha el pericarpio y el germen y nos tomamos el endospermo fundamentalmente. Diseccionan el cereal y nos venden cada una de las partes por separado.

Para beneficiarnos de la riqueza nutricional de los cereales completos es recomendable tomarlos integrales, con el salvado, el germen y el endospermo. Necesitamos las tres partes para que hagan su labor en conjunto. Cualquiera de estos cereales supone un acompañamiento perfecto para las sopas y las cremas; además, también los podemos utilizar una vez cocidos para darles solidez si nos han quedado demasiado líquidas.

¿Cómo se cocinan los cereales?

Los cereales requieren un tiempo de cocción algo inferior a las legumbres, dependiendo de las distintas variantes. Algunos, como el arroz integral, precisan más tiempo, entre cuarenta y cincuenta minutos, dependiendo de la olla; y otros, como el mijo o la quinoa, apenas necesitan entre quince y veinte minutos de cocción. Los cereales se cocinan junto con un líquido, normalmente agua, a no ser que vayas a elaborar un plato dulce o postre. Lo único que hemos de tener en cuenta son los tiempos de cocción y la cantidad de agua que tenemos que poner para la proporción de cereal. Se pueden cocinar en conjunto con el resto de los ingredientes de la sopa o bien los podemos preparar aparte y congelarlos en pequeños tarritos especiales para congelación e ir sacándolos según nos haga falta. En el apartado de sopas con cereales tienes algunas recetas para poder empezar a elaborar tus propias sopas con estos ingredientes. A partir de ahí experimenta con la gran variedad de cereales que existen hasta que des con tus favoritos.

En la diversidad se encuentra la riqueza.

Legumbres

Las legumbres son vegetales que se caracterizan porque su semilla se encuentra dentro de una vaina. En la historia de la humanidad las legumbres siempre han sido clave en la cocina ya que se trata de uno de los alimentos más ancestrales cultivados por el hombre. La historia de las legumbres en la alimentación se remonta a la época neolítica, es decir, al momento en que el hombre dejó de dedicarse fundamentalmente a la

caza y a la recolección de ciertos frutos silvestres para empezar a practicar la agricultura. En Turquía se han encontrado restos de guisantes y lentejas que datan de aproximadamente el año 5500 a. de C. En México se descubrieron restos de harinas de legumbres del 4000 años a. de C.

El consumo de legumbres sigue vigente en la alimentación tradicional de casi todos los pueblos de la Tierra. Se han documentado hasta ochenta especies diferentes de legumbres. Las más consumidas hoy en día son: la alfalfa, los guisantes, las judías o alubias (judías verdes, judías mungo o soja verde, azuki, alubia blanca, alubia roja y alubia negra o frijol), los garbanzos, las habas, las lentejas, los altramuces, los cacahuetes, la soja y la algarroba.

Algunos de los nutrientes que nos aportan las legumbres son:

Proteínas: poseen entre un 20 y un 38%, en algunos casos un porcentaje superior al de los productos animales. Además, sus aminoácidos esenciales son complementarios de los que presentan los cereales, por lo que en una alimentación vegana o vegetariana se recomienda el consumo regular de ambos grupos de alimentos combinados para así obtener los aminoácidos completos que necesita nuestro organismo. Las típicas mezclas de maíz y frijoles en México, de garbanzos y arroz en Pakistán o de lentejas y arroz en el sur del Himalaya no son casuales y responden a este principio.

Hidratos de carbono: son ricas en hidratos de carbono en forma de almidones, especialmente las alubias y la soja, que por ese motivo son las más indigestas. Pero debido al contenido de hidratos de carbono, su índice glucémico es bajo, lo que resulta muy beneficioso para las personas diabéticas.

Fibra: se ha descubierto que las legumbres estimulan el crecimiento selectivo de las bacterias del colon beneficiosas para la salud. Además, su alto contenido en fibra facilita los procesos gastrointestinales y evita el estreñimiento.

Grasa: su contenido en grasas es bajo, por lo que son recomendables para el control del peso y el tratamiento de la obesidad.

Vitaminas: son ricas en vitaminas B y en minerales que fortalecen nuestras defensas, como el hierro y el magnesio.

Las legumbres tienen multitud de posibilidades gastronómicas, sobre todo en las llamadas comidas de cuchara —potajes, guisos, sopas y cremas—, pero pueden emplearse también germinadas en ensaladas, patés, hamburguesas, albóndigas e incluso postres como natillas o cremas dulces. Además de su uso propio para hacer sopas y cremas, puedes utilizarlas ya cocidas para espesar tus cremas si te han quedado demasiado líquidas. También puedes convertir cualquier guiso o potaje que hagas con las legumbres en una deliciosa crema batiendo hasta conseguir una textura cremosa. Se aconseja el consumo de legumbres de dos a tres veces por semana para mantener un organismo sano.

El uso de las legumbres en las sopas y las cremas las convierten en un excelente y nutritivo plato principal que puedes completar con una rica ensalada elaborada con algún cereal. De esta manera tendrás una proteína completa además de beneficiarte de las demás propiedades de un alimento tan completo y saludable como es la legumbre.

¿Cómo cocinar las legumbres?

Antes de cocinarlas debemos ponerlas en remojo durante toda la noche y luego tirar el agua de remojo. Haciendo esto evitamos las molestias digestivas, incluidos los típicos gases, que a veces causan las legumbres. A continuación la manera más saludable sería cocinarlas a la manera tradicional, como hacían nuestras abuelas: a fuego lento durante varias horas.

Sabemos que el uso de la olla exprés es rápido y supone una ventaja para maximizar el a veces limitado tiempo del que disponemos para cocinar. Pero si las cocemos a fuego lento podemos hacer mucha cantidad y luego congelar las que no vayamos a utilizar. Lo que no es recomendable es comprar las legumbres ya cocidas porque contienen conservantes que son tóxicos para nuestro organismo, además de que es mucho más caro que comprar las legumbres secas o a granel. Si lo haces, mejor que sean ecológicas, ya que llevan solamente sal y agua.

Las legumbres también se pueden consumir germinadas, batidas en las cremas frías o adornando cualquier sopa con ellas.

Otros

ingredientes

La fórmula mágica de la sopa consistente en una parte líquida más una parte sólida con alimentos principales como los mencionados anteriormente la podemos completar y enriquecer aún más con los ingredientes que te menciono a continuación. Estos son tan importantes como los principales, o más, no solo por la riqueza aromática y de sabor —que ya de por sí es un gran añadido—, sino también por las maravillosas propiedades nutricionales que le aportamos a nuestra comida.

En las cremas calientes podemos espolvorear frutos secos molidos o semillas, espesarlas con leches vegetales caseras de avena o de almendra, cubrirlas con unos nutrientes germinados, darles sabor con algas, suavizar su sabor añadiendo frutas de temporada o transformarlas mediante el uso de especias.

Algas

Sus increíbles propiedades se deben a la riqueza de los fondos marinos en los que crecen. De hecho, que haya algas en los mares es una señal de su baja contaminación. Entre sus nutrientes encontramos minerales, vitamina B, vitamina C, vitamina E y proteínas de alta calidad. Además, son pobres en grasa. Tienen propiedades antioxidantes, antiinflamatorias y ayudan a regular el sistema hormonal y a eliminar metales pesados de nuestro organismo. Esto, entre muchas otras propiedades.

Actualmente se venden deshidratadas y envasadas en bolsas. Para utilizarlas lo único que tenemos que hacer es remojarlas en agua fría durante quince minutos para hidratarlas y ya están listas para su uso. Las algas más recomendadas para sopas y cremas son la *nori*, muy utilizada en platos orientales por su sabor a mar –la puedes emplear para sazonar los platos espolvoreándola por encima–; la *kombu*, rica en yodo, potasio, calcio y hierro y la que mayor porcentaje de proteínas tiene –se recomienda añadirla a las legumbres porque disminuye el tiempo de cocción y las hace más digestivas; también se puede añadir a la cocción de las sopas y caldos–; la *wakame*, que limpia y fortalece la sangre, calma el apetito y controla el estreñimiento por su contenido en fibra –se añade cruda, picada o molida para saborizar los platos–; la *cochayuyo*, proveniente de Chile, que se tiene que hervir durante quince o veinte minutos, escurrir y añadir a las sopas–; y la *espirulina*, 65% proteína vegetal completa altamente digerible que proporciona los ocho aminoácidos esenciales en las proporciones apropiadas y en una forma que es cinco veces más fácil de digerir que la proteína de carne o soja. Es también una excelente fuente de minerales (potasio, calcio, zinc, magnesio, manganeso, selenio, hierro y fósforo) al igual que de vitaminas (del complejo entero de vitamina B y de la vitamina E).

Bebidas vegetales

Hoy en día es fácil encontrar leches vegetales en los estantes de los supermercados, por eso mismo debemos prestar especial atención a los ingredientes de estas preparaciones. Es recomendable evitar las leches con endulzantes, sea el que sea, y con conservantes y aromatizantes. Busca aquellas que solo contengan el ingrediente principal (cereal, fruto seco o legumbre), agua y, en todo caso, sal marina o aceite. La mejor opción si las compras es que sean ecológicas, y también tienes la opción de prepararlas tú en casa. Se utilizan como sustituto de la leche de animal en cualquier receta. Solo has de tener

en cuenta el sabor que proporcionan a las comidas ya que algunas, como la avena, son dulces, por la propia naturaleza del ingrediente que contienen.

También es bastante fácil elaborarlas en casa: se bate el principal ingrediente (por ejemplo, almendras) con agua; el líquido resultante se cuela y ya tienes tu bebida vegetal. Se le puede añadir algún endulzante natural o especia para darle otro sabor, como canela en rama, un poco de sal marina, cúrcuma, hojas de estevia o dátiles. Si se va a utilizar para agregar a cremas, no es necesario colarla, así te beneficias de todas las propiedades del cereal o fruto seco que emplees.

Siempre hay que activar las semillas o frutos secos poniéndolos en agua durante toda la noche. Al activarlos, estamos «despertando» la vida de la semilla, que pasa de un estado latente a un estado activo o vivo. Al despertar, la semilla realiza procesos internos, que nos van a brindar muchos beneficios. Cuando se consumen las semillas sin activar, podemos tener molestias digestivas ya que al estar seca necesita agua de nuestro organismo a fin de que sea apta para poder digerirse. Esto puede ocasionar síntomas como pesadez, gases, dolor de cabeza o baja energía.

Entre las leches vegetales más populares están las de *avena, almendra, alpiste, arroz, espelta, nueces, coco* o *anacardos.*

En el apartado de recetas básicas te proporciono algunas recetas para la elaboración casera de estas bebidas. Hay un interesante libro de Cecilia Benedith que ofrece información básica sobre las recetas basadas en semillas, frutos secos, cereales, legumbres, frutas, verduras, algas, raíces, aceites vegetales y endulzantes orgánicos, así como métodos de preparación. También puedes encontrar fácilmente información en Internet sobre cómo elaborarlas.

Frutos secos

La riqueza de la composición de los frutos secos los hace un alimento imprescindible en nuestra cocina. Son ricos en vitaminas A, B y E, y en minerales como el calcio, hierro, magnesio, manganeso, zinc y selenio. Se deben consumir naturales o crudos, sin tostar ni freír y sin sal. Hay muchos lugares donde se pueden comprar a granel y almacenar fácilmente hasta su uso. Conviene remojarlos, al igual que las semillas, antes de consumir para desactivar los inhibidores enzimáticos que son los que hacen que las semillas germinen al estar en contacto con el agua y la luz. Al remojarlos, activamos los frutos secos y los dotamos de vitalidad, son más fáciles de digerir y se absorben más fácilmente las vitaminas y minerales presentes en ellos.

Para activarlos se dejan en remojo en agua entre ocho y doce horas. Al día siguiente se desecha el agua de remojo, se enjuagan y se secan al sol o en el horno hasta que no tengan humedad. Se pueden dejar en la nevera hasta tres días o consumir inmediatamente.

Se pueden moler y esparcir en las sopas o bien utilizar para hacer leches vegetales, mantequillas o patés con los que enriquecer nuestras sopas. Entre los frutos secos más utilizados se encuentran las *nueces,* los *anacardos,* las *almendras,* las *avellanas,* los *pistachos* o los *coquitos de Brasil.*

Germinados

Otra manera de tomar las legumbres y los cereales es germinados. Esta es una opción excelente para decorar las sopas y las cremas, sobre todo las frías. Además, los germinados son uno de los alimentos más nutritivos que existen, brotes llenos de vida. Cualquier semilla de leguminosa o grano de cereal puede ser germinado —eso sí, han de ser de gran calidad por lo que es recomendable que sean ecológicos—. Puedes probar con *semillas de alfalfa, trigo, cebada, soja, berro, lentejas* o *calabaza.*

Los germinados son alimentos vivos y esto aumenta su valor nutricional, que se mantiene intacto hasta el momento en que se come. Su riqueza en enzimas, clorofila, aminoácidos, minerales, vitaminas y oligoelementos vivos los convierte en alimentos completos que contribuyen a corregir las carencias de la alimentación moderna. Al germinar semillas, de cereales o leguminosas, se convierten en un alimento fácilmente asimilable porque liberan todos los nutrientes encapsulados y mejoran el valor nutricional de la propia semilla, de la planta o del fruto a los que hubiera dado lugar. Los brotes son un alimento predigerido, por lo tanto son fáciles de digerir y permiten al organismo que descanse y se regenere. Se pueden cultivar y conservar fácilmente en casa, por lo que resultan muy económicos. Además de tener la seguridad de consumir un producto que no ha sido adulterado ni rociado con insecticidas o fertilizantes químicos, se puede disponer de ellos en cualquier época del año

Hoy en día venden germinadores de varios tamaños que cualquier persona sin conocimiento alguno sobre germinación puede utilizar. Si lo prefieres hacer en casa, el proceso de germinación consiste en humedecer las semillas deseadas con agua y dejarlas reposar en un sitio libre de corrientes de aire y en donde no les dé directamente la luz del sol. Cada día hay que enjuagar las semillas para que se mantengan húmedas pero sin que haya exceso de agua, porque en ese caso se pudrirán. Hay muchos vídeos caseros en Internet que te muestran cómo germinar semillas sin necesidad de un germinador.

Lo que sí es imprescindible para germinar es que utilices semillas que sean de calidad y ecológicas ya que todos sus nutrientes se van a multiplicar considerablemente; como resultado, tendrás un concentrado potente de sustancias generadoras de salud. Hay profesionales del mundo de la alimentación natural que consideran los germinados los alimentos más saludables del planeta. Entre ellos destaca Ann Withmore, una de las máximas exponentes de la alimentación natural, que desarrolló los métodos de germinación que usamos actualmente y se dedicó a difundir sus beneficios para la salud junto con el consumo de hierba de trigo y los batidos verdes. En este libro encontrarás su famosa receta de sopa energética que contiene, entre otros ingredientes, germinados.

Hierbas culinarias y especias

El arte de la condimentación transforma unos platos con los mismos ingredientes en otros totalmente diferentes. Además, los adapta a la cultura en la que se crean o elaboran, realza el sabor de la comida y le aporta un toque distinto a cada plato. Las especias favorecen la digestión, hacen los platos más apetecibles y, según el

tipo que usemos, les proporcionan a los guisos propiedades nutricionales diferentes.

Las *hierbas aromáticas* les dan un sabor exquisito a nuestros guisos. Son como las flores a un jardín. Culturas como la egipcia las utilizaban con fines medicinales. De hecho, las tradiciones culinarias reconocidas como las más saludables —la hindú y la mediterránea— son, precisamente, las que más hierbas aromáticas usan. Invita a tus platos a la *menta*, el *tomillo*, el *orégano*, la *albahaca*, el *romero*, el *perejil*, el *cilantro*, el *hinojo*, el *comino* o el *apio*. Recubre tus guisos con hierbas picadas y, además de alegrar la vista a tus comensales, los convertirás en platos más saludables.

En cuanto a las *especias*, algunas son consideradas verdaderos «superalimentos» o, lo que es lo mismo, superhéroes de la alimentación que nos ayudan a prevenir y a veces hasta curar desequilibrios físicos importantes que pueden desencadenar enfermedades graves. Es el ejemplo de la *cúrcuma*. Originaria de Indonesia y de la India, se trata de una planta que ha sido cosechada desde hace miles de años. Tiene un sabor a pimienta y un aroma que recuerda a la naranja y al jengibre. Su color es de un amarillo anaranjado, por lo que se utiliza además como colorante. Entre sus numerosas propiedades se incluyen las antiinflamatorias, antitumorales, estimulantes del sistema inmune y antioxidantes. Hay que mezclarla con pimienta negra y aceite de oliva o lino para que se absorba a nivel intestinal.

Entre las especias que puedes utilizar para aderezar tus sopas y cremas, además de la cúrcuma, tienes el *jengibre* —considerado otro superalimento—, el *pimentón*, el *clavo*, la *nuez moscada*, la *pimienta negra o blanca*, la *canela* y el *azafrán*.

Semillas

Las semillas guardan en su interior los mejores y más necesarios nutrientes para que el cuerpo funcione de manera equilibrada. Poseen numerosas virtudes para el organismo. Entre ellas se puede destacar su alto contenido de ácidos grasos esenciales —como el omega 6 y el omega 3—, su contenido vitamínico —en el que sobresalen las vitaminas E y B— y la fibra. Tienen propiedades antioxidantes, regulan la función intestinal, previenen el envejecimiento de las células y son antiinflamatorias y anticoagulantes.

Las semillas de *lino*, junto con las de *chía*, son la fuente vegetal más importante de omega 3; además, son antiinflamatorias y anticoagulantes, ayudan a que el sistema nervioso se desarrolle y estimulan el sistema inmune. Las de *sésamo* o *ajonjolí* destacan por su contenido en calcio y proteínas. Se complementan muy bien con las legumbres y los cereales integrales, además de aportar un aroma agradable y un ligero sabor a nuez. Con el sésamo podemos elaborar el *gomasio*, que se prepara tostando sal marina con semillas de sésamo y luego triturándolas. Esta combinación es una excelente alternativa al uso de la sal.

Al igual que los frutos secos, se pueden moler y espolvorear en las cremas o sopas una vez estén cocinadas. Otras semillas que podemos usar para decorar los platos son las de *calabaza* o *girasol*.

Rejuvelac

El rejuvelac es una bebida fermentada a base de germinados de semillas que podemos utilizar especialmente en las cremas frías y en las sopas ligeras. También se puede usar en el resto de las sopas y cremas, pero nunca calentar ni cocinar. Se la conoce también como *agua enzimática* debido a que las enzimas de los brotes pasan al agua; es un potente rejuvenecedor y restaurador de la salud porque contiene todos los componentes en los que ha germinado vida y además es una bebida llena de probióticos. También se utiliza en la comida vegana para fermentar quesos, hacer limonada o tomar en zumos.

La llamada *agua enzimática de Anne Wigmore* se obtiene remojando en agua semillas de calidad que al fermentar aportan infinidad de enzimas y flora beneficiosa para el colon. Esta bebida ayuda a digerir los alimentos, estimula la flora intestinal y el sistema inmunitario, desinflama el aparato digestivo y es energética. Se puede utilizar en pequeñas proporciones en cualquier tipo de sopa o crema. He incluido la receta de elaboración de rejuvelac en este libro, aunque te recomiendo que veas alguno de los muchos vídeos que hay en Internet sobre su elaboración, ya que resulta más fácil prepararla si lo ves.

Recetas
básicas

Caldo
de verduras

Tiempo: 1 hora

8 raciones

Ingredientes

1 cucharada de aceite de oliva
   virgen extra

1 cebolla

2 zanahorias grandes

1 nabo

3 dientes de ajo machacados

1 puerro

1 apio

1 tomate

1 buen manojo de perejil fresco

2 ¼ l de agua

1 cucharadita de sal

Preparación

Lavar, pelar y trocear las verduras en trozos grandes. Pelar el ajo y machacarlo en un mortero junto con un poco de perejil y una cucharadita de aceite.

Calentar el aceite en una sartén y sofreír la cebolla, el puerro y el apio durante unos 5 minutos a fuego medio-bajo.

Llevar a ebullición el agua en una olla sopera. Poner todos los ingredientes y cocinar a baja intensidad durante 30 minutos sin tapar la olla.

A continuación, esperar a que el caldo se enfríe hasta que no queme al tocarlo. Verter sobre un cuenco grande mientras se cuelan las verduras.

El caldo resultante dura unos tres días en la nevera y tres meses en el congelador.

Las verduras las podemos pasar por la batidora junto con un poco de caldo y comerlas como si fuera un puré.

Concentrado
de verduras
(se pueden usar las verduras que se deseen)

Tiempo: 1 hora
300 gramos

Ingredientes

- 2 cucharadas de semillas de sésamo (opcional)
- 2 cucharadas de semillas de lino (opcional)
- 200 g de apio cortado en trozos
- 250 g de zanahorias cortadas en trozos
- 100 g de cebolla cortada en dos trozos
- 100 g de tomate cortado en trozos
- 150 g de calabacín cortado en trozos
- 2 dientes de ajo
- 50 g de setas frescas
- 1 hoja de laurel
- 6 ramitas de hierbas frescas
- 1 cucharadita de perejil seco
- 120 g de sal marina sin refinar
- 30 cl vino blanco
- 1 cucharada de aceite de oliva virgen extra
- 1 tira de alga kombu

Preparación

Moler las semillas con un molinillo o similar. Reservar.

Lavar, pelar y trocear todas las verduras en trozos más bien pequeños que luego podamos batir fácilmente.

Poner todos los ingredientes (excepto las semillas molidas) en una olla sopera grande. Cocinar durante 35 minutos a fuego lento con la olla tapada.

Retirar de la olla y empezar a batir por tandas añadiendo las semillas molidas.

Verter en un recipiente hermético y dejar enfriar antes de guardarlo en el frigorífico. Se puede congelar en cubiteras.

Gomasio

Tiempo: 30 minutos
50 gramos aprox.

(usar en todas las recetas en sustitución de la sal)

Ingredientes

1 cucharadita de sal marina sin refinar
8 cucharaditas de semillas de sésamo crudas y sin tostar

Preparación

Poner las semillas con la sal en una sartén sin aceite y calentar a fuego lento hasta que se doren ligeramente o hasta que empiecen a saltar como si fuesen palomitas, moviéndolas continuamente para que se tuesten todas por igual.

Ponerlas en un mortero para abrirlas, pero procurando no deshacerlas demasiado. Hacer movimientos circulares en ambos sentidos en forma de espiral. La idea no es triturarlas, sino abrir las semillas, ya que si no se abren pasarán por el aparato digestivo sin ser metabolizadas y saldrán como han entrado, sin que puedas absorber sus muchos nutrientes.

Guardar la mezcla en un recipiente de vidrio con cierre hermético.

Dura aproximadamente dos semanas para aprovechar todos sus beneficios y calidades —luego estas propiedades van disminuyendo.

Leche de
almendras

Tiempo: 10 minutos (más las horas de remojo de las almendras)

1 litro

Ingredientes

200 g de almendras peladas
4 dátiles (opcional)
800 ml de agua

Preparación

Poner a remojar las almendras la noche anterior para activarlas.

Colarlas y enjuagarlas con abundante agua.

En un robot de cocina o batidora, añadir las almendras, los dátiles y el agua y batir durante 1 o 2 minutos.

Colar la leche de almendras con una gasa, una tela o un colador muy fino para separar el líquido de los restos sólidos.

El agua resultante es la leche de almendras. Se mantiene entre dos y tres días en el frigorífico.

La pasta resultante de las almendras se puede utilizar como una crema de untar añadiendo sirope, un poco de canela o alguna esencia si la queremos dulce, o hierbas provenzales, especias y gomasio si la queremos salada.

Leche
de arroz

Tiempo: 40 minutos
600 ml

Ingredientes

100 g de arroz integral (o de
cualquier otro tipo) cocinado
600 ml de agua
4 dátiles (opcional)

Preparación

Batir en una batidora el arroz integral
a temperatura ambiente, los dátiles y el
agua.
Colar la leche con ayuda de una gasa, tela
o utensilio para elaborar leches vegetales.
Guardar en la nevera en una botella o en-
vase cerrado y consumir en tres o cuatro
días.

Leche
de avena

Tiempo: 1 hora y media
1 litro

Ingredientes

40 g de copos de avena
1 litro de agua
¼ de cucharadita de sal marina
   (opcional)
1 cucharadita de esencia de
   vainilla (opcional)

Preparación

Remojar los copos de avena en agua templada durante 15 minutos.
Colar la avena y echar en una batidora o robot de cocina junto con el resto de los ingredientes. Batir durante 2 minutos.
Dejar reposar durante 1 hora.
Colar la leche con una gasa, una tela o un colador muy fino para separar el líquido de los restos sólidos.

Tiempo: 10 minutos
1 litro

Leche
de coco

Ingredientes

1 l de agua
200 g de coco (en trozos o rallado)

Preparación

Batir el coco troceado o rallado con el agua durante unos minutos hasta que se mezclen bien.
Colar la leche con una gasa, una tela o un colador muy fino para separar el líquido de los restos sólidos.

Leche
de quinoa

Tiempo: 45 minutos

1 litro

Ingredientes

250 g de quinoa cocinada
800 ml de agua
4 dátiles
¼ de cucharadita de canela

Preparación

Cocinar la quinoa siguiendo las instrucciones del paquete. Dejar enfriar.

Echar en una batidora o robot de cocina la quinoa y el agua y batir hasta que estén completamente mezclados.

Colar la leche de quinoa con una gasa, una tela, un utensilio para preparar leches vegetales o un colador muy fino para separar el líquido de la pulpa.

Echar la leche de quinoa en la batidora de nuevo, añadir los dátiles y la canela y volver a batir.

Guardar en una botella o recipiente hermético en la nevera durante un máximo de entre tres y cuatro días.

Picatostes

Tiempo: 15 minutos
200 gramos

Ingredientes

200 g de pan
Aceite de oliva virgen extra
Especias al gusto (opcional)
1 diente de ajo

Preparación

Para la preparación de los conocidos como «picatostes» se puede utilizar cualquier pan que se tenga en casa, mejor si es del día anterior y preferiblemente panes integrales, de varios cereales y elaborados con ingredientes naturales.

Cortar el pan en rebanadas y en cuadraditos pequeños. Esparcir sobre ellos las especias secas que queramos añadirles. Puede ser perejil, orégano, comino, pimienta negra, albahaca, tomillo, etc.

Calentar el aceite en una sartén a fuego medio hasta que esté bien caliente junto con el ajo picado (opcional).

Agregar el pan y dorar moviendo constantemente para que no se pegue durante un máximo de 5 minutos. Escurrir el aceite y reservar para servir en las cremas o sopas. Es recomendable elaborarlos el mismo día que se van a utilizar. Aun así, se pueden guardar en un recipiente de cristal en un lugar fresco y oscuro durante varios días.

Rejuvelac

Tiempo: 3 días y 8 horas
1 litro de agua enzimática

Ingredientes

125 g de semillas que se puedan germinar (trigo, cebada, lentejas…)
1 l de agua purificada
Agua suficiente para la activación o remojo de las semillas
½ limón

Utensilios

2 frascos de vidrio con boca ancha
1 jarra de vidrio
1 colador
1 pedazo de tul para cubrir la boca del frasco
1 banda elástica

Preparación

El primer paso sería germinar las semillas. Se puede hacer con un germinador o de manera casera, como se describe a continuación: poner las semillas en remojo durante 8 horas. Pasado ese tiempo, quitarles el agua y dejarlas reposar. Dos veces al día (por ejemplo, por la mañana y por la noche) hay que humedecerlas para que germinen y salgan los brotes. En unos pocos días ya tenemos los germinados.

Para hacer el rejuvelac, poner los germinados en una jarra con 500 ml de agua purificada.

Cubrir la boca del frasco con un tul, tela fina o paño bien limpio, que se sujeta con una banda elástica, y cerrar.

Dejar reposar durante tres días a temperatura ambiente en un lugar oscuro.

Al cabo de ese tiempo, ya está listo el rejuvelac. El agua queda turbia, con espuma en la superficie y con un ligero olor a levadura.

Colar el agua, que se puede guardar durante cuatro semanas en la nevera.

Exprimir medio limón y agregar el zumo al agua enzimática.

Desechar los germinados con los que la hemos elaborado.

Sopas
con verduras

acelgas

Tiempo: 20 minutos

4 raciones

Ingredientes

600 ml de agua

½ kg de acelgas

3 patatas

1 cebolla

2 dientes de ajo

12 tomates cherry

6 cucharadas de aceite de oliva
   virgen extra

Sal

Preparación

Picar la cebolla y los dientes de ajo y ponerlos a pochar en una cazuela con tres cucharadas de aceite.

Limpiar las acelgas y separar las pencas (parte blanca) de las hojas.

Picar las hojas e incorporar a la cazuela, verter el agua y añadir las patatas peladas y troceadas.

Sazonar y tapar la olla. Dejar cocer durante 6-8 minutos.

Picar las pencas en juliana y rehogar en una sartén con el resto del aceite. Cuando estén doradas, retirar.

Cortar los tomates en cuatro partes y saltear brevemente en la misma sartén.

Triturar los ingredientes de la olla con una batidora eléctrica y pasar por un colador.

Servir en una sopera con el picadillo de las pencas de acelga y los tomates.

Sopa de
ajo y tomillo

Tiempo: 50 minutos

4 raciones

Ingredientes

12 dientes de ajos (una cabeza)

1 ramita de tomillo

1 cucharadita de pimentón

1 pizca de azafrán en hebra

1 ½ l de agua o el equivalente a
la medida de 6 vasos (puede
sustituirse el agua por un caldo
muy suave, o bien agua y caldo
al 50%)

150 g de picatostes

6 cucharadas soperas de aceite
de oliva

2 cucharaditas (de postre) de sal

12 granos de pimienta negra

Preparación

Pelar y trocear los ajos.

Calentar el aceite en la olla en donde vayamos a hacer la sopa y dorar los ajos, con cuidado de que no se quemen. Cuando empiecen a cambiar de color, sin esperar a que se doren del todo, añadir la cucharadita de pimentón, remover rápidamente y, sin esperar (ya que el pimentón también se quema enseguida), agregamos el agua o el caldo.

Añadir la sal, la pimienta, el tomillo y el azafrán, subir el fuego hasta que arranque a hervir y a continuación bajarlo.

Tapar y dejar unos 25-30 minutos.

Colar el caldo y volver a ponerlo en la olla. Apartar los dientes de ajo, chafarlos con un tenedor e incorporarlos nuevamente a la sopa (opcional).

Añadir a la sopa los picatostes, cocer unos 5 minutos y retirar del fuego.

Servir bien caliente.

Sopa de
algas y setas

Tiempo: 30 minutos

4 raciones

Ingredientes

20 g de setas variadas secas

1 puerro

2 cucharadas de aceite de oliva
   virgen extra

1 cucharada de salsa de soja
   tamari

15 g de algas secas variadas
   (wakame, nori, kombu)

1 cucharada de aceite de sésamo

1 cucharadita de azúcar panela

750 ml de agua

Preparación

Poner en remojo las setas en agua templada, solo la justa para que las cubra, durante unos 15 minutos.

Remojar las algas en agua fría, también 15 minutos.

Saltear el puerro picado en rodajas finas en una sartén con el aceite de oliva a fuego medio-bajo hasta que se ablande un poco. Reservar.

Poner el agua, el puerro, la salsa de soja y las setas, con el agua de su remojado y picadas en una olla sopera.

Cocer a fuego suave unos 7 minutos.

Incorporar las algas, escurridas ligeramente y picadas un poco, y el azúcar y cocer otros dos minutos.

Añadir el aceite de sésamo antes de servir.

Sopa de coliflor a las finas hierbas

Tiempo: 50 minutos

8 raciones

Ingredientes

2 cucharadas de aceite de oliva
    virgen extra

1 cebolla mediana cortada en
    dados pequeños

3 dientes de ajo picados

½ cucharadita de estragón seco

½ cucharadita de pimienta negra

1 cucharadita de sal

1 ½ l de caldo de verduras o
    agua

900 g de patatas peladas y
    cortadas en trozos de 1,5 cm

2 zanahorias

El volumen de 1 l de coliflor
    troceada

60 g de eneldo fresco picado

60 g de menta fresca picada

Preparación

Precalentar una olla sopera a fuego medio. Rehogar la cebolla en el aceite de oliva entre 5 y 7 minutos o hasta que adquiera un color transparente.

Añadir el ajo, el estragón, la pimienta negra y la sal y esperar 1 minuto más para que se cocinen.

Agregar el caldo vegetal, las zanahorias, la coliflor y las patatas a la olla, tapar y llevar el contenido a punto de ebullición.

Una vez rompa a hervir, reducir la intensidad del fuego y dejar que los ingredientes se cocinen lentamente durante 15 minutos.

Triturar aproximadamente un tercio de la sopa con una batidora o robot de cocina y juntarla luego con el resto de la sopa.

Decorar el resultado con hojas frescas de eneldo y menta y dejar reposar unos 10 minutos para que se fusionen los sabores.

Sopa de
cebolla

Tiempo: 1 hora 10 minutos

6 raciones

Ingredientes

500 g de cebolla cortada en dos

20 ml de aceite de oliva virgen
extra

20 g de margarina vegetal no
hidrogenada

½ cucharadita de sal

1 pizca de pimienta negra

2 cucharaditas de harina integral
de espelta

200 ml de vino blanco seco para
cocinar

800 g de agua

1 cucharadita de concentrado de
verduras

50 g de picatostes

1 cucharadita de hierbas
provenzales

Preparación

Picar la cebolla muy fina y sofreír en la sartén junto con la margarina, la sal y la pimienta hasta que adquiera un color transparente.

Trasladar la cebolla a una olla sopera junto con el vino blanco, el agua, la harina y el concentrado de verduras.

Llevar a ebullición y cuando hierva bajar a fuego medio-bajo y cocinar durante 20 minutos.

Triturar con una batidora hasta que quede una textura líquida; añadirle un chorro de aceite de oliva y las hierbas provenzales, y servir junto con los picatostes.

Esta sopa queda bastante líquida debido al contenido de agua de la cebolla. Si queremos una textura cremosa, podemos batirla junto con los picatostes.

Sopa de
champiñones

Tiempo: 30 minutos

6 raciones

Ingredientes

250 g de champiñones

25 g de aceite de oliva virgen extra

4 cucharadas de harina

Unas gotas de limón

1 ½ l de caldo de verduras

1 cucharadita de sal

1 cucharadita de gomasio

1 pizca de pimienta negra

1 puñado de germinados

Preparación

Limpiar bien los champiñones y picarlos finamente. Ponerlos en un cazo con el aceite, las gotas de limón, la sal y la pimienta.

Tapar el cazo y dejar que se vayan cociendo a fuego lento durante unos 6 minutos. En una olla sopera poner la harina y remover con una cuchara de madera durante unos 5 minutos o hasta que tome un poco de color.

Añadir poco a poco el caldo (mejor frío para que no forme grumos) y dejar cocer por espacio de 10 minutos, dando vueltas con las varillas.

Añadir los champiñones en su jugo y dejar cocer a fuego lento unos 5 minutos. Batir un tercio de la sopa junto con el gomasio y mezclar con el resto.

Servir cubierta de germinados.

Sopa de
curry

Tiempo: 40 minutos

4 raciones

Ingredientes

2 cucharadas de aceite de oliva
   virgen extra

4 dientes de ajo

½ cebolla

400 ml de leche de coco

500 ml de caldo de verduras

1 cucharada de sirope de agave

½ cucharadita de jengibre en
   polvo

2 cucharaditas de curry en polvo

½ cucharadita de cúrcuma en
   polvo

250 g de batata cortada en dados

1 cucharadita de sal

200 g de brócoli cocido para
   adornar (o pimimento rojo o col
   lombarda)

Preparación

Calentar el aceite en una sartén profunda o en una olla y dorar el ajo y la cebolla durante unos minutos.

Echar la leche de coco y el caldo de verduras y subir el fuego al máximo. Cuando rompa a hervir, bajar a fuego medio y añadir el resto de los ingredientes, excepto el brócoli. Cocinar hasta que la batata esté tierna.

Cuando la sopa esté lista, ponerla en una batidora y batir hasta obtener una consistencia cremosa.

Servir con verduras crudas picadas como brócoli, pimiento rojo o col lombarda.

Sopa energética de
Anne Wigmore

Tiempo: 5 minutos

2 raciones

Ingredientes

1 tira de alga dulse

1 aguacate o 1 cucharada sopera
de semillas de lino o chía

1 puñado de germinados de
alfalfa

1 puñado de otros germinados de
tu elección

1 puñado de hojas de espinacas
baby

1 cucharada sopera de chucrut

2 manzanas verdes

El zumo de 1 limón

200 ml de rejuvelac

Preparación

Remojar el alga dulse en el rejuvelac durante toda la noche. Si se usan semillas de lino o chía, agregarlas también al remojado.

Al día siguiente, añadir el aguacate (si no se usó lino o chía), los germinados, las espinacas, el chucrut, las manzanas y el zumo de limón.

Si es necesario, añadir más rejuvelac o agua filtrada. Batir todos los ingredientes. Esta sopa debe consumirse en el día, ya que si se guarda para el día siguiente pierde sus propiedades.

En lugar de la manzana verde se puede usar manzana amarilla o papaya.

Sopa energética
tropical

Tiempo: 5 minutos

4 raciones

Ingredientes

500 ml de rejuvelac

2 ciruelas pasas previamente
  remojadas

½ mango

1 puñado de alfalfa germinada

1 puñado de semillas de girasol
  germinadas

1 plátano de Canarias maduro

Preparación

Pelar, lavar y cortar en trozos el plátano y el mango.

Poner en un vaso de licuadora el rejuvelac, las ciruelas, la alfalfa y las semillas de girasol y batir hasta conseguir una crema. Añadir los trozos de plátano y mango al servir.

Esta es la base de la sopa tropical pero se pueden variar los ingredientes y añadir aguacate, papaya o cualquier otra fruta tropical.

Sopa de
espinacas

Tiempo: 30 minutos

6 raciones

Ingredientes

50 g de aceite de oliva virgen extra

70 g de harina

1 l de caldo de verduras

200 g de espinacas frescas o congeladas (previamente descongeladas)

Preparación

Calentar el aceite en una olla sopera durante 5 minutos o hasta que esté caliente. Añadir la harina y remover con una cuchara de palo hasta que se mezcle bien. Incorporar el caldo de verduras y cocinar durante unos 15 minutos a fuego medio-bajo y con la olla tapada. Agregar las espinacas y seguir cocinando durante 2 o 3 minutos.

Verter en una fuente sopera y servir.

Tiempo: 50 minutos

6 raciones

Ingredientes

3 cucharadas de aceite de oliva
   virgen extra

¼ kg de zanahoria

¼ kg de nabos

2 puerros medianos

3 patatas medianas

100 g de judías verdes

100 g de champiñones

1 cucharada de maíz cocido

1 cucharada de guisantes cocidos

1 ramita de apio

2 l de agua caliente

1 cucharadita de concentrado de
   verduras

1 cucharadita de concentrado de
   tomate

1 pizca de pimienta negra

1 ramita de albahaca fresca
   picada para adornar

Preparación

Cortar en cuadraditos las zanahorias, los nabos, el apio y los puerros.

Poner el aceite en una sartén y cuando esté caliente (sin que eche humo), echar todas las verduras que se han cortado y remover de vez en cuando a fuego bajo.

Poner un poco de agua y tapar mientras se cocina la verdura unos 10 minutos.

Pasar a una olla sopera y echar el agua caliente junto con los concentrados y la pimienta. Dejar cocer durante unos 10 minutos.

Añadir las patatas peladas y cortadas en cuadraditos, las judías y los champiñones lavados y cortados. Cocinar durante unos 20-25 minutos.

Cuando las patatas estén cocidas, la sopa estará lista para servir, acompañada de los guisantes y el maíz.

Servir con albahaca fresca picada por encima.

Sopa
invernal

Tiempo: 25 minutos

4 raciones

Ingredientes

1 puerro cortado en láminas

1 ramita de apio picada

1 col pequeña picada

2 corazones de alcachofa cortados
en 2 mitades

2 dientes de ajo laminados

2 tomates secos hidratados 1 hora
y troceados

Unas ramitas de perejil

1 nabo troceado

1 cucharadita de cúrcuma

1 pizca de pimienta negra

2 cucharadas de aceite de oliva
virgen extra

1 l de agua

½ cucharadita de sal

½ cucharadita de hierbas
provenzales

Preparación

En una olla sopera calentar 2 cucharadas de aceite y dorar los ajos y el puerro a baja temperatura durante 5 minutos.
Añadir el resto de los ingredientes y cocinar a fuego medio durante 20 minutos. Dejar enfriar y servir.

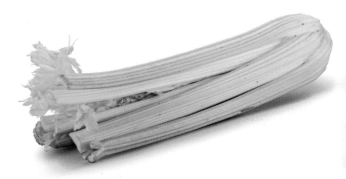

Sopa
minestrone

Tiempo: 20 minutos

4 raciones

Ingredientes

80 g de cebolla

120 g de puerro

40 g de aceite de oliva virgen extra

600 g de verduras variadas
(patata, calabacín, zanahoria,
apio, tomate, acelgas,
calabaza)

1 l de agua

1 cucharada de concentrado de
verduras

1 cucharadita de sal

1 pizca de pimienta negra

1 cucharadita de cúrcuma

1 diente de ajo

6 hojas de albahaca frescas (para
adornar)

Preparación

Pelar y trocear las verduras en trozos pequeños.

Calentar en una olla sopera el aceite y añadir el puerro y la cebolla. Rehogar durante 3 minutos.

Agregar las verduras junto al resto de los ingredientes y cocinar a fuego medio-alto durante 15 minutos.

Si hemos añadido patatas, cocinar hasta que estén blandas.

Servir la sopa caliente, regada con un poco de aceite de oliva y unas hojas de albahaca picadas.

Sopa de
miso y jengibre
con verduras

Tiempo: 30 minutos
4 raciones

Ingredientes

600 ml de agua o caldo de
    verduras
2 dientes de ajo
4 zanahorias
1 hinojo
4 champiñones (o setas shiitake)
6 ramilletes de brócoli
2 trocitos de alga kombu o
    wakame
2 láminas de jengibre fresco
½ cucharadita de sal marina
1 pizca de pimienta negra
4 cucharadas de aceite de oliva
    virgen extra
2 cucharaditas de miso
4 rodajas de limón
Unas ramitas de perejil fresco
Pasta o cereal (fideos,
    estrellitas...), opcional

Preparación

Pelar y laminar los ajos y las zanahorias. Cortar a tiras el hinojo y laminar los champiñones.

Saltear en una cazuela con el aceite, los ajos, las zanahorias, el hinojo y los champiñones junto con el aceite durante unos 3 o 4, minutos hasta que se empiece a transparentar el hinojo.

Salpimentar y cubrir con agua o caldo. Añadir el alga kombu y el jengibre y llevar a ebullición unos 15 minutos (en este paso se puede añadir la pasta o el cereal). Incorporar el brócoli desmenuzado en ramilletes pequeños.

Apagar el fuego y añadir el miso. Remover bien hasta que se disuelva.

El miso no debe hervir nunca, ya que perdería sus enzimas y con ello todos sus beneficios; por ello apagamos primero el fuego a la hora de añadirlo. Probar y añadir más sal si es necesario, pero tener en cuenta que el alga y el miso ya le aportan sal al plato.

Servir en los platos junto con una rodaja de limón y perejil fresco picado por encima.

Sopa de tomate y judías verdes

Tiempo: 40 minutos

6 raciones

250 g de judías verdes

250 g de patatas

1 ½ kg de tomates

2 l de agua

2 cucharaditas de aceite de oliva virgen extra

1 ramita de perejil

1 hoja de laurel

1 cucharadita de concentrado de verduras

1 pizca de pimienta

Sal

Preparación

Pelar, lavar y cortar las patatas en trozos medianos.

Pelar y lavar los tomates. Retirar la piel y las pepitas.

Poner todos los ingredientes, menos las judías verdes, en una olla sopera y cocer a fuego medio-bajo durante 25 minutos o hasta que las patatas estén blandas.

Dejar enfriar el guiso durante unos minutos, retirar el laurel y batir hasta conseguir una textura cremosa.

Preparar las judías verdes, quitándoles los rabos y los hilos y cortándolas en trocitos pequeños.

Sofreír en una sartén con un poco de sal hasta que estén doradas.

Verter la sopa en un cuenco grande y echar encima las judías. Servir.

Sopa de
verduras

Tiempo: 50 minutos

6 raciones

Ingredientes

600 g de judías verdes

2 patatas

1 cebolla

2 zanahorias

2 tallos de apio

2 calabacines medianos

2 hojas de acelgas

3 tomates pelados y sin pepitas

2 cucharadas de perejil picado
   fresco para adornar

2 cucharadas de aceite de oliva
   virgen extra

1 pizca de pimienta negra

1 cucharadita de cúrcuma

1 ½ l de agua

1 cucharadita de sal

Preparación

Limpiar y trocear las verduras. En una cazuela grande a fuego medio-bajo añadir 2 cucharadas de aceite y sofreír la cebolla junto con el apio y las zanahorias durante 5 minutos sin parar de remover.

Añadir las otras verduras junto con la sal, la pimienta, la cúrcuma y el agua.

Cocinar a fuego lento alrededor de 30 minutos.

Sacar de la olla una taza de verduras con un poco de agua y batir con la ayuda de una batidora o un robot de cocina.

Añadir este triturado a la olla y remover.

Antes de servir, añadir el perejil picado y un chorrito de aceite de oliva.

Sopa de verduras con
patata asada

Tiempo: 45 minutos

6 raciones

Ingredientes

1 ½ kg de patatas para asar

2 cucharadas de aceite de oliva virgen extra

1 cebolla cortada en tiras cortas

3 dientes de ajo picados

½ cucharadita de semillas de hinojo machacadas

1 cucharadita de tomillo seco

½ cucharadita de salvia seca molida

1 cucharadita de sal

1 pizca de pimienta negra

60 ml de vino blanco seco (o caldo vegetal)

1 l de caldo de verduras

4 tazas de col rizada partida en trozos

60 ml de leche de soja natural

Preparación

Precalentar el horno a 180 grados, agujerear las patatas varias veces con un tenedor y envolverlas en papel de aluminio. Introducir en el horno durante una hora aproximadamente, o hasta que puedan pincharse fácilmente con un tenedor.

Mientras, precalentar una olla sopera y sofreír las cebollas en aceite de oliva a fuego medio-alto hasta que queden doradas. Añadir el ajo, las semillas de hinojo, el tomillo, la salvia, la pimienta negra y la sal. Mantén al fuego estos ingredientes durante otros 2 minutos y, a continuación, verter el vino y remover todos los ingredientes.

Agregar las patatas asadas junto con el caldo, tapar el recipiente y reducir la intensidad del fuego para que comience a hervir lentamente.

Incorporar la col rizada. Tapar la sopa y dejar que se cueza de 15 a 20 minutos. Deshacer la mitad de la sopa con un tenedor o un pasapurés (no usar una batidora eléctrica de mano porque dejaría las patatas demasiado pastosas), agregar la leche de soja y mezclar. Si queda una consistencia demasiado espesa, añadir algo de agua o de caldo vegetal. Servir.

Sopa de
zanahoria dulce
y calabaza

Tiempo: 30 minutos

4 raciones

Ingredientes

1 patata

300 g de zanahorias peladas y picadas

200 g de calabaza cortada en trozos medianos

500 ml de agua o caldo de verduras

$\frac{1}{4}$ de cucharadita de cilantro molido

$\frac{1}{2}$ cucharadita de canela molida

1 pizca de nuez moscada

150 ml de leche de coco

1 cucharadita de sal

1 pizca de pimienta negra

10 almendras naturales

1 cebolla

2 cucharadas de aceite de oliva virgen extra

Preparación

En una sartén poner dos cucharadas de aceite y dorar la cebolla junto con las almendras. Reservar.

En una olla sopera añadir las zanahorias, la calabaza, la patata, la leche de coco, el agua y las especias.

Cocinar a fuego lento durante 20 minutos o hasta que las zanahorias estén blandas.

Con la ayuda de una batidora de mano triturar las almendras junto con la cebolla y 100 ml de líquido de cocción de las zanahorias.

Echar esta mezcla a la olla y remover con un cucharón. Dejar reposar media hora antes de servir.

Sopas
de cereales

Sopa de
arroz integral con ajo asado

Tiempo: 60 minutos

4 raciones

Ingredientes

1 cabeza de ajo sin pelar y sin desgajar

½ cucharada de aceite de oliva virgen extra

½ cebolla

125 g de arroz integral

1 hoja de laurel

1 cucharadita de tomillo seco

½ cucharada de mejorana seca

1 cucharadita de sal

1 pizca de pimienta negra

400 g de tomate natural triturado

800 ml de agua

Preparación

Rebanar aproximadamente 1,5 cm de la parte superior del bulbo de la cabeza de ajo, de manera que tras el corte quede visible el interior de los dientes.

Verter una cucharada de aceite de oliva sobre la ya descubierta parte superior del bulbo, de modo que bañe bien los dientes y gotee por los espacios que hay entre ellos. Envolver el preparado en papel de aluminio, apretándolo bien, y dejarlo en el horno durante 20 o 30 minutos a unos 190 grados. Los ajos estarán listos cuando queden blanditos y adquieran un tono dorado oscuro. Para comprobar que ya está listo, aplastarlo ligeramente con un cuchillo o con los dedos. Podemos asar varias cabezas de ajo para usos posteriores. El ajo asado se conserva en buenas condiciones durante una semana si se guarda en un recipiente hermético.

A continuación, precalentar una olla sopera a fuego medio y rehogar la cebolla en aceite de oliva entre 5 y 7 minutos, o hasta que se dore.

Añadir a esta olla el arroz, las hojas de laurel, el tomillo, la mejorana, la sal y la pimienta y remover durante 2 minutos.

Agregar el tomate y el agua y llevar el contenido a ebullición. Cuando rompa a hervir, reducir el fuego a intensidad media-baja.

Tapar el recipiente y cocinar a fuego lento durante 40 minutos aproximadamente (o según recomendaciones de cocción para el arroz usado).

Sacar el ajo del horno. Cuando se haya enfriado, apretar con la mano los dientes de ajo para desprenderlos de su piel y ponerlos en un cuenco pequeño.

Usar un tenedor para aplastar la pulpa del ajo y transformarla en una pasta ligera que se incorporará a la sopa cuando el arroz esté casi tierno.

Una vez que el arroz esté completamente cocido, retirar la hoja de laurel y servir.

Sopa de
arroz con jengibre

Tiempo: 30 minutos

6 raciones

Ingredientes

10 g de jengibre fresco

2 dientes de ajo

50 g de aceite de oliva virgen extra

1 ¼ l de agua

1 cucharadita de sal

200 g de arroz

100 g de guisantes cocidos

2 zanahorias picadas

½ cebolla picada

Perejil picado para decorar

Preparación

Pelar y trocear los ajos y el jengibre. Poner el aceite en una sartén y freírlos junto con la cebolla durante 5 minutos, o hasta que estén ambos dorados.

En una olla sopera poner todos los ingredientes menos el perejil y los guisantes. Cocinar a fuego alto durante 20 minutos, o hasta que se ablande el arroz.

Si se utiliza arroz integral, aumentar el tiempo de cocción según indicaciones del paquete.

Volcar la sopa en una fuente honda de cristal, espolvorearle el perejil picado y mezclar con los guisantes. Servir.

Sopa de
arroz salvaje
y boletus

Tiempo: 60 minutos

6 raciones

Ingredientes

15 g de setas boletus desecadas

½ litro de agua hirviendo

2 cucharadas de aceite de oliva
    virgen extra

1 cebolla cortada en rodajas finas

4 dientes de ajo picados

2 cucharadas de tomillo fresco

1 cucharadita de sal

½ cucharadita de pimienta negra

240 g de champiñones laminados

360 g de arroz salvaje

1 l de caldo de verduras

1 zanahoria rallada para adornar

Preparación

Hidratar las setas boletus vertiendo sobre ellas ½ litro de agua hirviendo. Tapar y reservar.

Precalentar una olla sopera a fuego medio-alto. Añadir el aceite de oliva y saltear la cebolla durante 3 minutos.

A continuación agregar el ajo, el tomillo fresco, la sal y la pimienta. Dejar los ingredientes al fuego unos 10 minutos, hasta que quede un sofrito dorado, removiendo constantemente.

Incorporar al preparado los champiñones laminados y rehogar durante unos 3 minutos más.

Mientras tanto, extraer las setas boletus de su agua de remojo, cortarlas en rodajas finas y añadir a la olla sopera junto con su propio caldo.

Esperar unos 5 minutos a que la mezcla se cueza bien.

Añadir el arroz salvaje y el caldo vegetal. Tapar el recipiente y llevar a ebullición.

Una vez que el contenido rompa a hervir, reducir el fuego a intensidad baja y dejar que la sopa se cueza a fuego lento durante 35 minutos aproximadamente. Cuando el arroz haya quedado tierno, rallar la zanahoria y añadir al guiso. Apagar después el fuego y dejar que repose unos 10 minutos.

Si estuviera demasiado espesa, agregar otros 250 ml de agua aproximadamente. Por último, servir en cuencos o en platos hondos.

Sopa de

avena

Tiempo: 30 minutos

4 raciones

Ingredientes

600 ml de agua

200 g de avena en hojuelas

100 g de puerro

100 g de zanahoria

1 cebolla

½ cucharadita de sal

½ cucharadita de gomasio

1 pizca de pimienta negra

Puñado de copos de avena para
  adornar

Preparación

Lavar y picar la cebolla, la zanahoria y el puerro.

En una olla honda hervir el agua junto con la sal. Añadir las verduras y cocinar a fuego medio-bajo durante 20 minutos.

Añadir la avena y cocinar entre 2 y 4 minutos, hasta que se ablande la avena un poco. Si prefieres que la avena se ablande más, puedes cocinarla durante 10 minutos.

Servir con un puñado de copos de avena por encima y una pizca de pimienta negra recién molida.

Sopa de
CUSCÚS

Tiempo: 25 minutos

2 raciones

Ingredientes

1 puerro

1 zanahoria grande

3 cucharadas de tomate triturado

100 g de maíz dulce

700 ml de caldo de verduras o
   agua

80 g de cuscús integral

2 cucharadas de aceite de oliva
   virgen extra

1 pizca de pimienta negra

½ cucharadita de jengibre

1 pizca de pimentón rojo

½ cucharadita de cúrcuma

5 o 6 hojas de perejil para decorar

Preparación

Pelar y trocear las verduras. Sofreír en una cazuela el puerro y el aceite durante 5 minutos a fuego lento.

Añadir las especias y el tomate y seguir cocinando durante un par de minutos mientras removemos.

Pasar a una olla sopera y añadir el caldo. Cuando rompa a hervir, bajar el fuego y cocinar unos 6 minutos.

Añadir el maíz y el cuscús y cocer durante un par de minutos más.

Quitar del fuego y dejar reposar.

Servir con un poco de perejil por encima.

Sopa de
espelta

Tiempo: 50 minutos

6 raciones

Ingredientes

2 cucharadas de aceite de oliva
    virgen extra

2 puerros

2 zanahorias

1 nabo

50 g de guisantes congelados

200 g de espelta en grano

800 ml de caldo de verduras

Albahaca fresca picada para
    decorar

Pimienta

Preparación

Pelar, lavar y picar las verduras en trozos pequeños.

Calentar el aceite en una sartén y sofreír el puerro a fuego lento durante 5 minutos, removiendo con una cuchara de palo, hasta que se dore.

Echar el caldo vegetal en una olla sopera y añadir el puerro, la zanahoria, el nabo, la espelta y la pimienta.

Cocer a fuego medio-lento durante 30 minutos o hasta que la espelta esté cocida. Añadir los guisantes y cocinar durante otros 10 minutos.

Sazonar con pimienta y decorar con la albahaca molida antes de servir.

fideos de arroz y patata

Tiempo: 30 minutos

4 raciones

Ingredientes

250 g de fideos de arroz

1 tallo de apio

1 zanahoria

½ patata

2 cucharadas de aceite de oliva
   virgen extra

¼ de cebolla

1 diente de ajo

½ cucharadita de sal marina

1 pizca de pimentón

600 ml de agua

Preparación

Lavar, pelar y cortar las verduras en trozos pequeños.

Cocer a fuego lento todos los ingredientes menos los fideos durante 20 minutos.

Añadir los fideos y cocer durante el tiempo que especifique el paquete.

Servir inmediatamente.

fideos y tomate

Tiempo: 40 minutos

6 raciones

Ingredientes

40 g de cebolla

2 dientes de ajo

20 g de aceite de oliva virgen extra

100 g de fideos gruesos

250 g de tomates maduros
   cortados en trozos grandes

50 g de tomate concentrado

1 cucharada de concentrado de
   verduras (o 2 cucharaditas de
   sal)

½ cucharadita de comino en polvo

800 ml de agua

Preparación

En el vaso de una batidora poner el aceite, los tomates, el concentrado de tomate, el concentrado de verduras, los ajos, la cebolla y el comino y triturar.

Cocinar esta mezcla en una sartén honda con una cucharadita de aceite durante 10 minutos.

Añadir los fideos, poner el fuego medio-bajo y remover durante 5 minutos con cuidado de que no se peguen.

Poner el agua en una olla sopera y llevar a su punto de ebullición. Bajar el fuego a temperatura media-baja, añadir el guiso de los fideos y cocinar durante 10 minutos (o el tiempo indicado en el paquete).

Verter en una sopera, dejar enfriar y servir.

Sopa de
maíz

Tiempo: 60 minutos

6 raciones

Ingredientes

2 l de agua

6 mazorcas de maíz partidas por la mitad

2 ramas de apio

1 puerro picado

1 cebolla picada

1 cucharadita de granos enteros de pimienta negra

1 cucharadita de sal

2 cucharadas de aceite de oliva virgen extra

1 cucharada de maíz cocido

1 puñado de perejil picado

Preparación

En una sartén calentar el aceite y sofreír el apio, el puerro y la cebolla hasta que se doren, durante unos 5 minutos.

En una olla sopera grande poner el agua, la sal, las mazorcas de maíz, el sofrito y los granos de pimienta.

Tapar el recipiente y llevar a su punto de ebullición. Quitar la tapa, reducir el fuego a intensidad media y esperar unos 30 minutos mientras se cocina a fuego lento. Permitir que el caldo se enfríe hasta que esté tibio.

Servir junto con el puñado de maíz cocido y el perejil picado por encima.

Se puede colar y guardar en un recipiente hermético en la nevera un máximo de una semana.

Tiempo: 30 minutos

4 raciones

Ingredientes

1 zanahoria

100 g de calabaza

2 puerros

1 nabo

½ brócoli

2 ajos

100 g de mijo

800 ml de agua

1 trozo de alga wakame

1 cucharadita de sal

1 pizca de pimienta negra

2 cucharadas de aceite de oliva
   virgen extra

Preparación

Pelar, lavar y picar en trozos pequeños las verduras.

Poner aceite a calentar en una sartén grande y dorar los ajos. Cuando se empiecen a dorar, añadir las verduras, menos la calabaza, y remover unos minutos.

Poner el agua a calentar en una olla sopera con la sal, la pimienta y el alga wakame. Seguidamente añadimos el mijo (que habremos lavado en un colador con agua) junto con las verduras y cocemos unos 20 minutos, o hasta que estén las verduras blandas y el mijo tierno.

Se puede picar el alga en trocitos como si fuera perejil para servir.

Sopa de
panecillos

Tiempo: 40 minutos

4 raciones

Ingredientes

Panecillos

450 g de pan del día anterior

2 ajos bien picados

100 g de perejil fresco picado

½ cucharadita de sal

1 pizca de pimienta blanca

1 cucharada de mantequilla
vegetal

1 cucharadita de gluten de trigo o
levadura sin gluten

Aceite de oliva virgen extra para
freír

Caldo

2 ajos

10 almendras

2 rebanadas de pan

1 l de agua

½ cucharadita de sal

½ cucharadita de cúrcuma

Preparación

Primero hacer los panecillos: remojar el pan en un poco de agua, estrujar y desmenuzar con las manos hasta que quede hecho migas. Mezclar el pan con los ajos picados, el perejil picado, la pimienta y la sal. Remover todo bien con las manos o con una cuchara. Añadir la margarina y el gluten de trigo y mover de manera que se integre bien en la masa.

Poner aceite en una sartén e ir cogiendo con una cuchara porciones pequeñas del tamaño de una albóndiga pero aplanadas. Hacer los panecillos y preparar en la sartén hasta que estén bien dorados. Reservar.

En ese aceite freír 2 ajos, 2 rebanadas de pan y las almendras. Poner esta mezcla en el vaso de la batidora con 125 ml de agua y batir todo muy bien. Pasar el sofrito a una olla con el resto del agua, la sal y la cúrcuma, y cocinar a fuego lento durante 15 minutos, removiendo ocasionalmente. Servir junto con los panecillos.

Sopa de
quinoa

Tiempo: 30 minutos

6 raciones

Ingredientes

2 l de caldo de verduras

1 puerro

1 zanahoria

150 g de quinoa bien lavada

1 cucharadita de cúrcuma

1 cucharadita de orégano

1 cucharada de alga dulse
previamente remojada y
escurrida

2 cucharadas de aceite de oliva
virgen extra

1 cucharadita de sal

Perejil picado

Pizca de pimienta negra

Preparación

Pelamos, lavamos y picamos en trozos pequeños las verduras.

Ponemos el aceite en una sartén y sofreímos los puerros hasta que se doren.

En una olla sopera calentamos el caldo de verduras hasta que rompa a hervir.

Añadimos la zanahoria, la quinoa, la cúrcuma, el orégano, la sal y la pimienta y cocinamos a fuego medio-bajo durante 20 minutos.

Dejar enfriar y servir junto con el alga dulse picada.

Sopa de
trigo
sarraceno

Tiempo: 60 minutos

4 raciones

Ingredientes

600 g agua

2 puerros

½ calabaza pequeña

1 tira de alga kombu (remojada 1 hora con 1 taza de agua fría)

1 tallo de apio

150 g de trigo sarraceno

3 cucharadas de aceite de oliva virgen extra

Sal marina

2-3 rodajas finas de jengibre fresco

Perejil fresco picado para adornar

2 hojas de laurel

Preparación

Pelar, lavar y picar las verduras en trozos pequeños. Hacer lo mismo con el alga kombu.

Lavar el trigo sarraceno e inmediatamente tostarlo en una sartén sin aceite unos minutos, hasta que los granos estén secos y separados

Poner el aceite en una sartén y saltear los puerros a fuego medio-bajo.

Calentar el agua en una olla sopera y añadir todos los ingredientes menos el perejil. Tapar y cocer a fuego medio-bajo durante 30 minutos.

Rectificar de agua, si fuera necesario.

Antes de servir retirar el laurel y el jengibre.

Servir caliente con el perejil por encima.

Sopas
de legumbres

Tiempo: 35 minutos

6 raciones

Ingredientes

1 cebolla picada

4 dientes de ajo picados

¼ de cucharadita de pimienta de
Cayena

1 cucharadita de comino en polvo

1 cucharadita de pimentón dulce

½ taza de apio

750 ml de caldo vegetal

850 g de alubias negras hervidas y
escurridas

1 taza de maíz congelado

3 cucharadas de zumo de lima

1 aguacate cortado a dados

¼ de taza de cilantro fresco
picado

1 cucharadita de sal marina

1 pizca de pimienta negra

Preparación

Lavar y cortar a trocitos pequeños la cebolla y el apio, picar el ajo y pelar y cortar
el aguacate a dados.

Cocer la cebolla y el ajo en un cazo con dos
cucharadas de caldo vegetal a fuego medio-alto hasta que la cebolla esté blanda.

Incorporar la pimienta de Cayena, el comino, el pimentón y el apio y dejar cocer
durante otros 3 minutos.

Añadir el resto del caldo vegetal, las alubias, el maíz y 2 cucharadas de zumo de
lima.

Llevar a ebullición, bajar el fuego y cocinar a fuego lento durante 10 minutos.
Condimentar con sal y pimienta negra.

Mezclar el aguacate, el tomate, el cilantro,
la cucharada de zumo de lima restante, sal
y pimienta negra en un bol.

Verter la sopa caliente en cuencos o platos de sopa y poner encima una cucharada
colmada de la crema de aguacate.

Sopa de
frijoles

Tiempo: 60 minutos

4 raciones

Ingredientes

500 g de frijoles rojos o negros
previamente cocidos

1 cebolla picada

1 pimiento rojo picado

1 tomate rojo picado

½ cucharadita de sal

1 pizca de pimienta negra

50 g de judías verdes

1 cucharada de aceite de oliva
virgen extra

2 dientes de ajo

1 zanahoria

1 cucharada de mantequilla de
cacahuete

1 l de agua de cocción de los
frijoles (o en su defecto caldo
vegetal o agua con una
cucharada de concentrado de
verduras)

½ tomate picado (para adornar)

Arroz blanco o picatostes
(opcional)

Preparación

En una sartén a fuego medio añadir una cucharada de aceite y dorar la cebolla hasta que adquiera un color transparente.

Añadir la mantequilla de cacahuete junto con el pimiento, el tomate y los ajos. Reservar.

Licuar esta mezcla junto con 200 g de frijoles cocidos en una batidora o un robot de cocina y reservar.

En una olla sopera agregar la mezcla batida junto con el resto de los frijoles cocidos, la pimienta negra, la sal, las zanahorias picadas, las judías verdes troceadas y el agua de cocción de los frijoles. Cocinar a fuego lento durante 10 minutos. Apagar el fuego y dejar reposar media hora con la olla tapada. Probar y rectificar el sabor añadiendo más sal si fuese necesario.

Mezcla un tomate picado con una cucharada de aceite y utilizar para adornar la sopa al servir.

También se puede acompañar con arroz blanco hervido o con picatostes.

Sopa de
garbanzos y arroz

Tiempo: 50 minutos

6 raciones

Ingredientes

2 cucharadas de aceite

1 cebolla grande cortada en rodajas finas

225 g de zanahorias peladas y cortadas en rodajas delgadas

2 dientes de ajo picados

400 g de champiñones

½ cucharadita de semillas de ajo

2 ½ de tomillo seco

½ cucharadita de romero seco

½ cucharadita de pimienta negra

1 ½ l de caldo de verduras o de agua

400 g de garbanzos cocidos

180 g de fideos de espelta

Preparación

Precalentar el aceite en una olla sopera a fuego medio-alto y sofreír en él la cebolla y la zanahoria durante unos 10 minutos.

Añadir el ajo, los champiñones, las semillas de ajo y las hierbas aromáticas y volver a sofreír todo otros 5 minutos. Poner un chorro de agua y remover bien todos los ingredientes.

Seguidamente, añadir el agua junto con los garbanzos.

Una vez que el contenido haya roto a hervir, echar los fideos. Reducir el fuego a una intensidad media a fin de que la sopa se cueza mientras hierve ligeramente.

Tapar el recipiente y dejar que se cocine durante 15 minutos, removiendo de vez en cuando.

Dejar enfriar y servir.

Sopa de
judías blancas

Tiempo: 30 minutos

4 raciones

Ingredientes

150 g de judías blancas cocidas

1 diente de ajo

½ pimiento rojo

½ pimiento verde

1 zanahoria

1 cebolla

1 cucharadita de sal

1 cucharadita de cúrcuma

1 pizca de pimienta negra

1 ñora

1 hoja de laurel

800 ml de agua

2 cucharadas de aceite de oliva
    virgen extra

Preparación

Lavar y picar en trozos pequeños las verduras.

Calentar el aceite en una sartén honda y sofreír los pimientos, la cebolla, la zanahoria y el ajo durante 10 minutos a fuego medio-bajo hasta que las verduras se doren sin llegar a tostarse.

Poner el sofrito en una batidora con 200 ml de agua y batir hasta que se haga una sopa.

Poner esta mezcla en una olla sopera junto con la sal, la cúrcuma, el laurel, la pimienta negra y la ñora y cocinar a fuego medio durante 20 minutos.

Apartar del fuego. Echar las judías blancas cocidas en la olla, tapar y dejar reposar durante 30 minutos para que se integren los sabores.

Sopa de
lentejas con estragón y tomillo

Tiempo: 60 minutos

8 raciones

Ingredientes

1 cucharada de aceite de oliva

1 cebolla partida en dados

1 zanahoria grande pelada y cortada en dados pequeños

5 tomates pera despepitados y troceados en dados

4 dientes de ajo picados

2 cucharaditas de estragón seco

1 cucharadita de tomillo seco

1 cucharadita de pimentón dulce

1 ½ l de caldo vegetal o de agua

450 g de lentejas

2 hojas de laurel

1 ½ cucharadita de sal

½ cucharadita de pimienta negra

2 cucharaditas de semillas de sésamo

1 tomate grande picado

Nata de almendras (opcional)

Preparación

Precalentar el aceite en una olla sopera grande a fuego medio. Saltear la cebolla junto con la zanahoria durante 10 minutos o hasta que la cebolla se dore.

Añadir el ajo, el estragón, el tomillo y el pimentón y rehogar 2 minutos más.

Agregar a continuación los tomates y un chorrito de agua si fuera necesario. Remover un poco todos los ingredientes, tapar y cocinar durante unos 5 minutos.

Incorporar el agua, las lentejas, las hojas de laurel, la sal y la pimienta. Tapar de nuevo el guiso y llevar a su punto de ebullición.

Cuando rompa a hervir, bajar el fuego para que se cueza a fuego lento y tapar durante 30 minutos o hasta que las lentejas queden tiernas.

Si la sopa está muy aguada, destapar y dejar que se cocine lentamente otro par de minutos adicionales.

Si por el contrario hubiese quedado demasiado espesa, verter un poco más de agua.

Esparcir las semillas de sésamo y el tomate picado por encima antes de servir.

También se puede servir con un poco de nata vegetal por encima, por ejemplo, nata de almendras.

lentejas rojas

Tiempo: 40 minutos

4 raciones

Ingredientes

250 g de lentejas coral

½ cucharadita de comino

1 rama de canela

6 vainas de cardamomo

½ cucharadita de cúrcuma

1 pizca de pimienta negra

½ cucharadita de sal

2 tomates picados

1 cebolla

1 l de agua

1 cucharada de aceite de oliva
  virgen extra

Ramitas de perejil (opcional)

Preparación

Lavar bien las lentejas en un colador.

Ponerlas en una cazuela grande con la cebolla en trozos, el tomate y las especias. Añadir el agua y llevar a su punto de ebullición.

Bajar a fuego medio y cocinar durante 25 minutos sin tapar la olla, hasta que las lentejas empiecen a desmenuzarse.

Sacar y desechar la rama de canela y las vainas de cardamomo.

Batir 100 g de la sopa junto con el aceite y volver a echar la mezcla en la olla. Remover con un cucharón y dejar reposar 20 minutos.

Servir con unas ramitas de perejil por encima.

Sopa de
soja

Tiempo: 40 minutos (+ la cocción de la soja)

4 raciones

Ingredientes

200 g de soja amarilla previamente cocida

1 cebolla

½ puerro

1 diente de ajo

1 patata

1 zanahoria

1 trozo de calabaza

1 tomate maduro

1 cucharadita de pimentón dulce

1 cucharadita de cúrcuma

2 cucharadas de aceite de oliva virgen extra

1 cucharadita de concentrado de verduras

800 ml de agua

Perejil fresco picado para decorar

Una pizca de pimienta negra

Preparación

Poner en remojo la soja el día anterior y cocer igual que cualquier otra legumbre.

Pelar, lavar y cortar a trozos medianos la patata, la calabaza y la zanahoria.

Hacer un sofrito con el aceite, la cebolla, el puerro y el ajo durante 5 minutos o hasta que se doren.

Cuando esté todo dorado, retirar del fuego y añadir una cucharadita de pimentón dulce.

Mezclar y poner en una batidora junto con el tomate y un poco de agua. Batir hasta que quede una crema.

En una olla sopera añadir la mezcla anterior junto con las patatas, la zanahoria, la calabaza, la cúrcuma, el concentrado de verduras y la pimienta.

Añadir el agua y cocinar a fuego medio-lento hasta que la patata y la zanahoria estén tiernas.

Retirar del fuego y echar la soja. Tapar y dejar reposar media hora.

Servir decorado con el perejil fresco picado.

Cremas
calientes

Crema de
almendras

Tiempo: 30 minutos

4 raciones

Ingredientes

2 ramilletes de brócoli

100 g de almendras naturales

2 dientes de ajo

1 cebolla

½ calabacín

50 ml de vino blanco

1 rebanada de pan

Sal

1 pizca de pimienta negra

1 chorrito de aceite de oliva virgen
   extra

800 ml de agua

Preparación

Lavar, pelar y cortar el brócoli y el calabacín.

Poner dos cucharadas de aceite en una sartén mediana y dorar las almendras, el ajo, la cebolla y el calabacín durante 5 minutos.

Añadir el vino y dejar al fuego un minuto más.

Poner el agua en una olla sopera y agregar el preparado que se ha cocinado en la sartén. Cuando empiece a hervir, incorporar también el brócoli, la sal y la pimienta. Cocinar a fuego medio-bajo durante unos 20 minutos o hasta que se ablande el brócoli.

Retirar del fuego y añadir el pan un poco desmenuzado. Batir todo el preparado hasta que quede una crema fina y servir con un poco de aceite de oliva por encima.

Crema de
apio

Tiempo: 30 minutos

4 raciones

Ingredientes

2 apios

1 puerro

1 pieza de brócoli

1 l de caldo de verduras

Aceite de oliva virgen extra

Sal marina al gusto (el caldo de
    verduras ya lleva sal)

Pimienta negra al gusto

1 puñado de germinados

Preparación

Lavar el apio, retirar los filamentos fibrosos del tallo y trocear junto con el puerro y el brócoli.

Poner el apio, el puerro y la cebolla en una olla sopera con el caldo de verduras y cocer a fuego medio-bajo durante 20 minutos.

Una vez cocidos, corregir la sal y añadir la pimienta y un chorrito de aceite de oliva. Triturarlo todo y servir bien caliente junto con los germinados.

Crema de
batatas y garbanzos

Tiempo: 30 minutos

6 raciones

Ingredientes

500 g de batatas

150 g de cebolla

400 g de garbanzos cocidos y escurridos

750 g de agua

1 cucharada de concentrado de verduras

100 g de leche vegetal

Sal

1 chorrito de aceite de oliva virgen extra

1 cucharada de perejil fresco picado

Preparación

Pelar, lavar y trocear las batatas y la cebolla. Ponerlas en una olla sopera junto con los garbanzos, el agua y el concentrado de verduras y llevar a su punto de ebullición. Cocinar a fuego medio-bajo durante 25 minutos o hasta que los ingredientes se ablanden.

Poner todos los ingredientes junto con la leche vegetal en una batidora o similar hasta conseguir una textura cremosa.

Probar y corregir de sal.

Verter en cuencos o platos hondos para servir. Decorar con un chorrito de aceite de oliva y el perejil picado.

Crema de
berros

Tiempo: 40 minutos

6 raciones

Ingredientes

2 manojos de berros

1 puerro grande

1 cebolla mediana (100 g)

3 cucharadas de aceite de oliva
   virgen extra

6 patatas medianas (1 kg aprox.)

1 ½ l agua

¼ l de leche de almendras

1 cucharada de concentrado de
   verduras

Sal y pimienta al gusto

Preparación

En una cacerola poner el aceite al fuego; cuando esté caliente, echar el puerro partido en trozos y la cebolla también en trozos grandes.

Darles unas vueltas con una cuchara de madera. Pasados entre 4 y 6 minutos, añadir las patatas cortadas en trozos y un manojo de berros, limpios y sin los tallos más grandes. El otro manojo se limpia y se pica la hoja. Reservar este picadillo.

Verter en la cacerola el agua y dejar cocer en la cacerola tapada durante unos 25 minutos o hasta que se ablanden las patatas. Cuando esté templada la sopa, pasar por la batidora y al servirla añadir la leche de almendras templada y el concentrado de verduras.

Cocer a fuego lento de nuevo otros 6 minutos, probar y salpimentar al gusto. Ya en la sopera, adornar con las hojas de berros picadas que habíamos reservado.

Crema de
brócoli, puerro y patatas

Tiempo: 30 minutos

6 raciones

Ingredientes

200 g de puerro

1 diente de ajo

1 cucharada de leche de coco

2 cucharadas de aceite de oliva

300 g de ramilletes de brócoli fresco o congelado

1 patata pelada y en trozos pequeños

700 ml de agua

1 cucharada de concentrado de verduras

1 pizca de pimienta negra

5 hojas de albahaca fresca

Sal

Germinados

Preparación

Lavar y trocear el puerro, la patata, el brócoli y el ajo.

Poner en una sartén grande el aceite y sofreír el puerro junto con el ajo a fuego medio-alto hasta que se doren.

Añadir el brócoli y la patata y seguir removiendo durante aproximadamente 3 minutos.

Retirar el sofrito de la sartén y ponerlo en una olla sopera junto con el agua, el concentrado de verduras y la pimienta negra. Llevar el preparado a su punto de ebullición y luego cocinar a fuego medio-bajo hasta que las patatas se ablanden, aproximadamente 20 minutos.

Agregar el resto del agua junto con las hojas de albahaca y batir bien hasta que no queden grumos. Corregir de sal y dejar reposar 10 minutos.

Servir junto con los germinados y la leche de coco por encima.

Crema de
calabacín

Tiempo: 35 minutos

4 raciones

Ingredientes

½ cebolla cortada en trozos

1 diente de ajo

500 g de calabacines cortados en
   trozos

500 ml de agua

1 cucharadita de concentrado de
   verduras

1 pizca de pimienta negra

10 almendras

2 cucharadas de aceite de oliva
   virgen extra

Sal

Preparación

Calentar en una sartén el aceite y dorar el ajo, la cebolla y las almendras durante 5 minutos.

En una olla sopera poner los calabacines, el agua, el concentrado de verduras, la sal y la pimienta.

Cocinar a fuego medio-alto durante 15 minutos. Cuando estén los calabacines blandos, añadir el sofrito y batir a máxima velocidad hasta conseguir la textura deseada. Ajustar los condimentos y servir.

Crema de
calabaza

Ingredientes

500 g de zanahoria

500 g de calabaza

1 cebolla

800 ml de agua

Tomillo fresco al gusto

⅓ de cucharadita de canela

⅓ de cucharadita de nuez
  moscada molida

2 cucharadas de aceite de oliva
  virgen extra

1 cucharadita de sal marina

1 cucharadita de cúrcuma

1 pizca de pimienta negra

Pipas de calabaza (opcional)

Preparación

Picar el tomillo y reservar.

Pelar y cortar en trozos grandes la zanahoria, la calabaza y la cebolla.

Ponerlas en una olla sopera grande junto con el agua y la cúrcuma. Cocer durante 20 minutos.

Una vez cocidas, añadir la sal, la pimienta, la nuez moscada, la canela y el aceite de oliva. Triturar.

Servir junto con el tomillo fresco picado y unas pipas de calabaza.

Crema de
castañas y verduras

Tiempo: 50 minutos

6 raciones

Ingredientes

1 zanahoria

1 patata

1 cebolla

200 g de castañas

1 l de caldo de verduras

25 ml de leche vegetal

Aceite de oliva virgen extra

Sal al gusto

1 puñado de germinados

Preparación

Pelar las castañas y cocer en medio litro de agua a fuego medio-bajo durante 15 minutos o hasta que se ablanden. Batirlas junto con la leche vegetal de manera que nos quede un puré más bien espeso. Reservar.

Pelar la cebolla, la patata y la zanahoria. Cortarlas en daditos pequeños. Poner una cazuela al fuego con el aceite y saltearlas durante unos minutos.

Añadir el caldo de verduras y dejar cocer durante unos 20 minutos aproximadamente o hasta que la patata esté tierna. Triturar con la batidora para obtener una crema homogénea. Añadir el puré de castañas y dejar cocer otros 10 minutos. Retirar del fuego y rectificar de sal.

Acompaña esta deliciosa crema con un puñado de germinados de tu gusto, que le darán un contraste de texturas y color exquisito al plato.

champiñones

Tiempo: 30 minutos

4 raciones

Ingredientes

220 g de champiñones

500 ml de agua

1 taza de leche vegetal (250 ml)

1 cucharadita de concentrado de
    verduras

50 g de harina

½ cucharadita de sal

4 ramitas de perejil

2 cucharadas de aceite de oliva
    virgen extra

1 cucharada de margarina

Preparación

Laminar 20 g de los champiñones y en una sartén sofreírlos junto con la margarina durante 5 minutos o hasta que estén dorados. Reservar.

En una olla sopera poner todos los ingredientes (menos los champiñones que se han laminado) y cocinar a fuego medio durante 10 minutos.

A continuación añadir el aceite y triturar con una batidora hasta conseguir la textura deseada.

Decorar con las láminas de champiñón rehogadas.

Crema de
coliflor

Tiempo: 40 minutos

4 raciones

Ingredientes

1 coliflor blanca

3 dientes de ajo

1 puerro

1 cebolla

1 patata

2 cucharadas de aceite de oliva

½ cucharadita de sal marina

1 pizca de pimienta negra

1 cucharadita de cúrcuma

500 ml de agua

Leche vegetal (opcional)

2 cucharadas de semillas de
    sésamo

Preparación

Lavar, pelar y picar las verduras (la coliflor en ramilletes y el resto en trozos medianos).

Calentar el aceite en una sartén honda y sofreír el ajo, el puerro y la cebolla a fuego bajo solo hasta que se doren.

Cuando comiencen a dorarse las verduras, añadir la cúrcuma, la pimienta, la sal y los ramilletes de coliflor junto con la patata pelada y troceada. Remover cuidadosamente. Sofreír unos 5 minutos más y añadir el agua.

Cocinar unos 20-30 minutos y después triturar con la batidora hasta obtener una crema fina.

Si queda demasiado espesa, añadir un poco de leche vegetal hasta obtener la consistencia deseada y rectificar de sal.

Decorar con las semillas de sésamo y un chorrito de aceite de oliva.

Crema de espinacas, ajetes y espárragos

Tiempo: 25 minutos

5 raciones

Ingredientes

500 g de espinacas frescas

300 ml de agua

1 manojo de ajetes

15 espárragos trigueros

1 cebolla

2 cucharadas de aceite de oliva
   virgen extra al gusto

½ cucharadita de sal marina

1 pizca de pimienta negra

Sal

1 puñado de pistachos naturales
   picados para adornar

Preparación

Lavar y cortar a trozos los espárragos y la cebolla.

Disponer en una cacerola las espinacas con los ajetes, los espárragos y la cebolla troceados.

Cubrir de agua y cocer a fuego medio-bajo durante 20 minutos.

Una vez cocidos, salpimentar y añadir el aceite de oliva.

Triturar y servir con los pistachos por encima.

Crema de
guisantes al jengibre

Tiempo: 30 minutos

6 raciones

Ingredientes

- 500 g de guisantes frescos o congelados
- 40 g de cebolla
- 30 g de apio
- 1 diente de ajo
- 50 g de patata
- 10 g de raíz de jengibre fresco
- 500 ml de caldo de verduras (o agua, en cuyo caso añadir también 1 cucharada de concentrado de verduras)
- 2 cucharadas de aceite de oliva virgen extra
- 2 cucharadas de semillas de lino
- 1 pizca de pimienta

Preparación

Poner los guisantes, la cebolla, el apio, el ajo, la patata, el jengibre y el caldo de verduras en una olla sopera y llevar a su punto de ebullición. Cocinar a fuego medio-bajo durante 25 minutos o hasta que la patata se ablande.

Esperar a que se enfríe un poco. Añadir la pimienta y triturar hasta conseguir una textura cremosa.

Moler las semillas de lino con un molinillo y esparcir sobre la crema junto con un chorrito de aceite de oliva antes de servir.

Crema de
guisantes con espárragos

Tiempo: 30 minutos

5 raciones

Ingredientes

250-300 g de espárragos

100 g de guisantes

1 l de agua o de caldo de verduras

1 manzana roja

2 cucharadas de aceite de oliva

200 ml de leche de almendras

1 cucharada de semillas de lino molidas

1 cucharadita de sal

Preparación

En una olla calentar el agua y la leche de almendras.

Mientras, lavar los espárragos y cortar el extremo más duro, que se desechará. Cortar y reservar las puntas.

Añadir los espárragos y los guisantes al agua hirviendo y cocinar durante aproximadamente 15 minutos.

En una sartén calentar una cucharada de aceite de oliva y saltear las puntas de los espárragos durante unos minutos. Reservar.

Añadir a la olla en donde está el guiso una cucharada de aceite de oliva, las semillas de lino y la manzana.

Triturar todo con la ayuda de una batidora o un robot de cocina. Probar y corregir la sal.

Servir con las puntas de espárragos salteados.

Crema de
hinojo con
patatas

Tiempo: 30 minutos

4 raciones

Ingredientes

6 patatas pequeñas

2 bulbos de hinojo

1 pizca de nuez moscada

2 dientes de ajo

2 cucharadas de aceite de oliva
    virgen extra

1 cucharadita de sal marina

1 l de caldo vegetal

Preparación

Cocer el hinojo cortado al vapor con el ajo durante 15 minutos.

Al mismo tiempo, cocer las patatas aparte en abundante agua hasta que se ablanden, unos 20 minutos aproximadamente.

Cuando estén listos, añadir el aceite, la nuez moscada y la sal y batir con el caldo vegetal.

Es un plato muy suave y cremoso.

Crema de
judías blancas
con calabaza

Tiempo: 50 minutos

4 raciones

Ingredientes

500 g de alubias blancas cocidas

250 g de calabaza pelada

1 patata

1 cebolla

4 cucharadas de aceite de oliva
   virgen extra

1 l de caldo de verduras

1 pizca de pimienta

Picatostes

Perejil fresco picado para adornar

1 cucharadita de cúrcuma

Sal al gusto

Preparación

Pelar, lavar y cortar en trozos medianos la calabaza, la patata y la cebolla.

En una cacerola poner el aceite a calentar. Saltear la cebolla picada fina unos 5 minutos o hasta que empiece a dorarse.

En una olla sopera calentar el caldo de verduras hasta que alcance su punto de ebullición. Añadir todos los ingredientes menos las alubias, el perejil, la sal y los picatostes. Cocer a fuego bajo hasta que todo quede tierno, unos 20 minutos aproximadamente.

Quitar del fuego y añadir las alubias. Mantener la olla tapada durante unos 20 minutos hasta que baje la temperatura y las judías se integren en el guiso.

Triturar el preparado con una batidora de vaso hasta adquirir la consistencia deseada. Si está muy espeso, se puede añadir un poco de agua o caldo.

Corregir el punto de sal si fuese necesario.

Servir con los picatostes y decorar con el perejil.

Crema de
judías verdes
al curry

Tiempo: 30 minutos

4 raciones

Ingredientes

100 g de puerros

2 cucharadas de aceite de oliva

250 g de calabacín

300 g de judías verdes

¼ de cucharadita de curry

¼ de cucharadita de cúrcuma

1 pizca de pimienta negra

600 g de agua

½ cucharadita de gomasio

Preparación

Lavar y trocear los puerros, las judías y el calabacín.

En una olla sopera añadir el aceite, 1 cucharada de agua y el puerro y rehogar durante 5 minutos a fuego medio.

Añadir el calabacín y las judías troceadas y cocinar otros 5 minutos.

Agregar el curry, la cúrcuma, la pimienta y el agua y cocinar durante 15 minutos.

Dejar enfriar un poco. Añadir el gomasio y triturar con una batidora hasta conseguir la textura deseada.

Crema de
lechuga

Tiempo: 30 minutos

4 raciones

Ingredientes

1 lechuga

3 cucharadas de aceite de oliva
   virgen extra

250 ml de agua

250 de leche de almendras

1 cucharadita de concentrado de
   verduras

1 pizca de pimienta

Sal

Preparación

En una cacerola disolver el concentrado de verduras en el agua templada y reservar. Lavar, secar y cortar las hojas de lechuga. En una sartén calentar el aceite y rehogarla durante unos tres minutos.

Poner en una olla sopera la lechuga y el agua con el concentrado de verduras. Remover. Añadir poco a poco la leche de almendras junto con la pimienta. Cocer a fuego medio-bajo con la olla tapada durante unos quince minutos y remover de vez en cuando.

Apartar del fuego y corregir de sal. Cuando esté templado, batir hasta conseguir la textura deseada.

Si la crema queda espesa, aclarar con un poco más de leche de almendras.

Si queda demasiado líquida, mezclar una cucharada de harina de espelta o de garbanzos y disolver en un poco de agua templada. Añadir y remover.

Crema de
lentejas pardinas con judías verdes

Tiempo: 40 minutos

4 raciones

Ingredientes

800 ml de agua

100 g de lentejas

200 g de judías verdes congeladas

½ cebolla

1 tomate

1 cucharadita de sal marina

2 cucharadas de aceite de oliva

1 pizca de pimienta negra

1 pizca de pimentón

1 cucharadita de semillas de lino

1 cucharadita de semillas de
   sésamo

Preparación

Poner todos los ingredientes, menos las semillas, en una olla sopera y cocinar a fuego medio durante 35 minutos.

Esperar a que se temple y batir junto con las semillas. Servir.

Crema de
maíz

Tiempo: 20 minutos

4 raciones

Ingredientes

1 l de agua

3 tazas de maíz dulce en grano

1 calabacín

4 rabanitos

1 cebolleta

1 puerro

2 ajos

4 cucharadas de aceite de oliva
   virgen extra

Unas hojas de albahaca fresca

1 cucharadita de sal

1 pizca de pimienta negra

Preparación

Pelar y picar la cebolleta, los ajos y el puerro. Poner una cazuela al fuego con un poco de aceite y las verduras picadas. Sofreír durante 5 minutos.

Añadir a la cazuela el maíz, la sal y la pimienta y rehogar 2 minutos. Agregar el agua y cocinar 10 minutos más a fuego medio-bajo.

Retirar del fuego y pasar por la batidora hasta obtener una mezcla suave y cremosa. Cortar el calabacín y los rabanitos en dados pequeños. Mezclar junto con las hojas de albahaca picadas y un poco de aceite. Decorar la crema por encima con esta mezcla. Este plato se puede servir tanto frío como caliente.

Crema de
nueces de
macadamia

Tiempo: 30 minutos

4 raciones

Ingredientes

1 calabaza grande

2 calabacines

1 ajo

20 nueces de macadamia
previamente activadas
(remojadas)

1 pizca de comino

½ cucharadita de sal marina

2 cucharadas de aceite de oliva
virgen extra

4 o 5 hojas de perejil o cilantro

600 ml de agua filtrada

Preparación

Cocer en un poco de agua la calabaza, los calabacines, el ajo, el aceite, la sal y el comino durante unos 20 minutos a fuego medio-bajo o hasta que la calabaza se ablande.

Cuando todo esté tierno, batir en una batidora potente junto con las nueces de macadamia. Añadir agua al gusto.

Servir junto con las hojas de perejil o cilantro picadas.

puerros con albahaca

Tiempo: 45 minutos

6 raciones

Ingredientes

1 l de agua

4 puerros medianos

1 rama de apio

5 patatas medianas (600 g)

2 cucharadas de aceite de oliva
virgen extra

500 ml de leche de almendras

1 cucharadita de concentrado de
verduras

1 manojo de albahaca fresca

1 pizca de pimienta negra

Sal

Preparación

En una sartén poner el aceite y calentar. Añadir los puerros cortados en trozos, incluida la parte verde, y el apio.

Dorar durante unos 5 minutos mientras se remueve.

Pasar a una olla sopera junto con las patatas peladas y cortadas en trozos medianos y el agua. Añadir la sal y la pimienta y cocer durante unos 35 minutos o hasta que las patatas se ablanden. Retirar del fuego. Añadir la leche de almendras, las hierbas provenzales y el concentrado de verduras y batir. Corregir de sal y servir.

Crema de
quinoa

Tiempo: 60 minutos

4 raciones

Ingredientes

250 g de quinoa previamente
  lavada

1 l de agua

1 cucharada de aceite de oliva
  virgen extra

1 puerro

1 cebolleta

Alga wakame hidratada

1 cucharadita de concentrado de
  verduras

Preparación

Añadir al alga wakame agua templada hasta cubrirla durante 10 minutos para que se hidrate.

Calentar el agua en una olla sopera. Cuando empiece a hervir, agregar la quinoa y el concentrado de verduras y cocer durante 15 minutos removiendo constantemente hasta que esté blanda y transparente.

Añadir el puerro, la cebolleta, el aceite y el alga wakame, todo ello picado, junto con el caldo de deshidratar el alga.

Seguir cocinando durante 10 minutos.

Si quedara demasiado líquida para nuestro gusto, dejar reposar durante unos minutos antes de servir.

Crema de
setas shiitake

Tiempo: 35 minutos

6 raciones

Ingredientes

1 cebolla pequeña

350 g de setas shiitake secas
(previamente hidratadas)

2 cucharadas de aceite de oliva
virgen extra

1 cucharada de mantequilla de
cacahuete

500 ml de caldo de verduras

1 puñado de germinados

Preparación

Hidratar las setas shiitake según instrucciones del fabricante. Normalmente se suelen hidratar en agua templada durante 20 minutos. Colar y reservar.

Lavar, pelar y cortar en trozos pequeños la cebolla.

Poner en una sartén el aceite y sofreír las setas shiitake junto con la cebolla durante 10 minutos.

Calentar en una olla sopera el caldo de verduras. Cuando esté hirviendo, bajar el fuego a temperatura media-baja y añadir las setas.

Cocinar durante unos diez minutos.

Añadir la mantequilla de cacahuete y seguir cocinando unos tres minutos o hasta que todos los ingredientes estén bien mezclados.

Esperar unos minutos a que baje la temperatura y batir hasta conseguir una textura cremosa.

Servir junto con los germinados.

Crema de
tomate

Tiempo: 45 minutos

8 raciones

Ingredientes

1 diente de ajo

50 g de cebolla cortada en dos

2 cucharadas de aceite de oliva
   virgen extra

700 g de tomates cortados en dos

70 g de tomate concentrado

1 cucharadita de sal

1 cucharadita de azúcar

1 cucharadita de orégano seco

500 ml de agua

1 cucharada de concentrado de
   verduras

100 g de nata vegetal

2-4 hojas de albahaca

1 ramita de perejil fresco (solo las
   hojas)

Preparación

Sofreír en una sartén el diente de ajo y la cebolla con una cucharada de aceite.

Cuando esté dorada la cebolla, poner todos los ingredientes menos la nata, el perejil y la albahaca, en una olla sopera grande a fuego medio. Tapar y llevar a punto de ebullición.

Una vez que la sopa rompa a hervir, reducir el fuego a intensidad media-baja y tapar para que se cocine a fuego lento unos 20 minutos o hasta que los tomates se ablanden.

Incorporar la nata, el perejil y la albahaca y triturar todo con una batidora eléctrica hasta conseguir una textura cremosa. Rectificar de sal al gusto y servir.

Crema de
verduras

Tiempo: 50 minutos

4 raciones

Ingredientes

300 g de patatas cortados en
   trozos
1 tomate cortado en dos
80 g de cebolla cortada en dos
1 diente de ajo
400 g de verduras variadas
   (zanahoria, nabo, puerro,
   calabacín, cortadas en trozos)
2 ramitas de perejil fresco
½ cucharadita de sal (ajustar al
   gusto)
½ cucharadita de pimienta negra
½ cucharadita de cúrcuma
800 ml de agua
20 ml de aceite de oliva virgen
   extra

Preparación

En una olla sopera poner todos los ingredientes menos el aceite y llevar a ebullición.

Cocinar 25 minutos a fuego medio-bajo, hasta que las patatas estén blandas.

Añadir el aceite y triturar todos los ingredientes con una batidora a máxima potencia hasta conseguir la textura deseada. Se puede añadir 100 ml de leche al triturar para darle una textura más cremosa.

Vichyssoise de espárragos y piñones

Tiempo: 15 minutos

3 raciones

Ingredientes

4 cucharadas soperas de piñones

¼ de puerro (la parte blanca)

8 espárragos trigueros

Pimienta negra recién molida al gusto

1 cucharadita de sal marina

2 cucharadas soperas de vinagre de umeboshi*

4 cucharadas soperas de aceite de oliva virgen extra

600 ml de agua

4 cubitos de hielo

* El vinagre de umeboshi se obtiene filtrando el vinagre salado extraído de la maduración del umeboshi, una variedad de ciruelas fermentadas muy utilizadas, por sus propiedades medicinales, en países asiáticos como Japón, China y Corea. Se emplea como un vinagre normal, pero al ser salado se puede aliñar una ensalada añadiendo solo un poco de este vinagre. También puede usarse en salsas para verduras.

Preparación

Triturar todos los ingredientes de la crema juntos con la ayuda de la batidora e ir añadiendo el agua poco a poco hasta conseguir la textura deseada.

Poner en una olla sopera y templar a fuego muy bajo durante 10 minutos.

Servir.

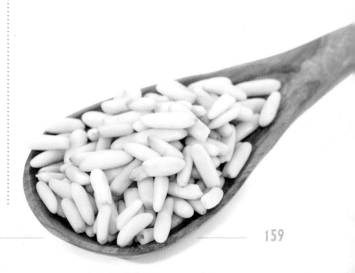

Crema de
zanahoria y
manzana

Tiempo: 30 minutos

4 raciones

Ingredientes

½ kg de zanahorias

1 cebolla

3 manzanas

½ cucharadita de cúrcuma

1 pizca de pimienta

½ cucharadita de sal

2 cucharadas de aceite de oliva
    virgen extra

1 cucharada de aceite de coco
    virgen extra

800 ml de agua

Germinados para decorar

Sal

Preparación

Calentar el aceite de oliva en una sartén honda grande y dorar a fuego medio-bajo la cebolla en trozos, junto con la cúrcuma y la pimienta.

Añadir las zanahorias peladas y troceadas. Cuando estén al dente, agregar las manzanas lavadas y troceadas sin pelar.

Sofreír y añadir agua hasta cubrir. Cocinar a fuego lento hasta que las zanahorias y las manzanas estén blandas.

Colar el guiso sin desechar el agua de cocción.

Echar la sal y batir todo añadiendo caldo hasta conseguir la textura deseada.

Incorporar el aceite de coco y remover.

Rectificar de sal y espolvorear los germinados u otra hoja verde picada por encima.

Cremas
frías

Ajoblanco

Tiempo: 10 minutos

6 raciones

Ingredientes

- 200 g de almendras crudas sin piel previamente remojadas 8 horas
- 2 dientes de ajo
- 1 cucharadita de sal
- 100 g de miga de pan del día anterior
- 70 ml de aceite de oliva virgen extra
- 30 ml de vinagre de Jerez
- 800-1000 ml de agua fría
- 20-30 uvas blancas (para servir)
- 30 g de almendras laminadas y tostadas (para servir)

Preparación

Poner el pan en remojo con agua fría durante media hora. Majar en un mortero los ajos y las almendras con un poco de sal. Añadir el pan remojado y hacer una pasta a la que se le va añadiendo el aceite para que ligue.

Poner todos los ingredientes junto con el vinagre de jerez en una batidora de vaso y batir a máxima velocidad hasta que no queden grumos.

Añadir más pan o más agua según la textura que deseemos.

Rectificar de sal. Enfriar en la nevera hasta el momento de servir.

Si se prepara justo antes de servir, sustituir 300 ml de agua por el mismo peso en cubitos de hielo para que quede frío sin necesidad de refrigerar.

Servir con almendras laminadas y con uvas blancas previamente peladas.

Crema de
aguacate

Tiempo: 15 minutos

4 raciones

Ingredientes

2 aguacates

2 tomates

600 ml de agua

½ cebolla

½ pimiento rojo

1 limón recién exprimido

½ cucharadita de sal

1 pizca de pimienta negra

4 rabanitos picados

2 cucharadas de aceite de oliva
    virgen extra

Preparación

Lavar bien y cortar los tomates, los aguacates, la cebolla y el pimiento en trozos grandes.

Ponerlos en el vaso de una batidora junto con la mitad del agua. Batir.

Añadir el resto del agua y el zumo de limón y volver a batir.

Salpimentar al gusto.

Servir con un chorrito de aceite por encima y un picadillo de rábanos.

Crema de
higos

Tiempo: 10 minutos

8 raciones

Ingredientes

12 higos
4 tazas de espinacas
8 hojas de menta fresca
600 ml de agua o de rejuvelac

Preparación

Poner todos los ingredientes en una batidora de vaso y triturar hasta convertir la mezcla en una crema consistente.
Si se desea más líquida, se le puede añadir un poco de agua.

Crema
mediterránea

Tiempo: 5 minutos

4 raciones

Ingredientes

3 tazas de espinacas

3 ramas de apio

1 ramita de orégano

1 ramita de tomillo

1 pimiento rojo

1 aguacate grande

1 pimiento verde

1 limón exprimido

500 ml de agua o de rejuvelac

1 pepino (para decorar)

Preparación

Poner todos los ingredientes en una batidora de vaso y triturar hasta convertir la mezcla en una crema consistente.

Si se desea más líquida, se le puede añadir un poco de agua.

Servir con el pepino cortado en trocitos por encima.

Crema de
melón

Tiempo: 5 minutos

6 raciones

Ingredientes

1 melón
1 cucharadita de canela en polvo
1 cucharadita de nuez moscada
    en polvo
1 cucharadita de cúrcuma
1 ramita de tomillo

Preparación

Mezclar todos los ingredientes excepto el tomillo con ayuda de la batidora.
Adornar con la ramita de tomillo.
Mantener frío hasta el momento de servir.

Crema de
pepino y pera

Tiempo: 5 minutos

2 raciones

Ingredientes

100 ml de agua o de rejuvelac

2 peras

2 pepinos

¼ de tallo de apio

⅛ de cebolla dulce

2 hojas de menta fresca

Aceite de oliva virgen extra al
   gusto

Unas gotas de zumo de limón

Sal marina al gusto

Pimienta negra al gusto

Preparación

Pelar los pepinos y las peras. Lavar todos los ingredientes, echarlos en una batidora de vaso y triturar.

Refrigerar y servir bien fría.

Crema verde
de verano

Tiempo: 5 minutos

4 raciones

Ingredientes

3 hojas de espinacas

1 rama de apio

½ manojo de perejil fresco

Zumo de 1 limón

1 aguacate grande

500 ml de agua

Preparación

Poner todos los ingredientes en una batidora de vaso y batir hasta conseguir la textura deseada.

Añadir agua si se desea más líquida.

Se puede servir acompañada de una cucharada de yogur en la superficie.

Crema verde
picante

Tiempo: 10 minutos

4 raciones

Ingredientes

2 tazas de espinacas

1 taza de hojas de rabanito

½ taza de albahaca fresca

1 pimiento rojo

2 limas sin piel

2 tomates medianos maduros

½ aguacate

500 ml de agua o de rejuvelac

Preparación

Poner todos los ingredientes en una batidora de vaso y batir hasta conseguir la textura deseada.

Añadir agua si se desea más líquida.

Gazpacho
andaluz

Tiempo: 10 minutos

6 raciones

Ingredientes

1 kg de tomates pera maduros

1 diente de ajo

50 g de pimiento verde

40 g de cebolla

70 g de pepino

30 ml de vinagre de manzana

1 cucharadita de sal

50 ml de aceite de oliva virgen
   extra

8 cubitos de hielo

Preparación

Trocear los ingredientes y triturarlo todo en una batidora de vaso a máxima velocidad o hasta obtener una textura cremosa y sin trozos.

Una vez triturado, se puede pasar el gazpacho resultante por un colador fino, apretando con un cucharón para que quede una crema perfecta sin grumos, aunque esto es opcional.

Si se desea más líquido, añadir 200 ml de agua fría y si se prefiere más espeso, añadir 150 g de pan del día anterior.

Se puede servir con trocitos de pepino, calabacín o una fruta de nuestra elección. Refrigerar un par de horas antes de servir.

fresas

Tiempo: 10 minutos

4 raciones

Ingredientes

¼ de rama de apio

Vinagre de umeboshi al gusto

½ kg de fresones

½ pepino

¼ de cebolla

½ diente de ajo

½ cucharadita de sal marina

1 chorrito de aceite de oliva virgen
   extra al gusto

Preparación

Poner todos los ingredientes, menos el aceite, en una batidora y triturarlos hasta conseguir la textura deseada.

El apio suele dejar hilillos, por lo que se debe batir entre dos y tres minutos.

Añadir poco a poco el aceite mientras se continúa batiendo.

Se sirve frío, decorando con un hilo de aceite por encima.

Gazpacho de lechuga y coco

Tiempo: 5 minutos

4 raciones

Ingredientes

1 taza de leche de coco (250 ml)

1 cucharada de sirope de agave

250 g de fresas frescas o congeladas

125 g de anarcardos naturales activados

8 hojas de lechuga romana

1 cucharada de semillas de lino

Preparación

Moler las semillas de lino con la ayuda de un molinillo.

Reservar un puñado de fresas y cortarlas en trozos muy pequeños para decorar.

Poner todos los ingredientes en una batidora de vaso y triturar hasta convertir la mezcla en una crema consistente.

Si se desea más líquida, se le puede añadir un poco de agua o más leche de coco.

Servir con las fresas reservadas.

mango

Tiempo: 5 minutos

4 raciones

Ingredientes

4 mangos medianos

2 tomates

¼ de cebolla

½ pimiento verde

¼ de pepino

4 cucharadas de vinagre de manzana

10 hojas de cilantro

1 pizca de jengibre fresco

2 cucharaditas de sal rosa del Himalaya (o cualquier sal no refinada)

250 ml de agua

8 cucharadas de aceite de oliva virgen extra

Granada (para decorar)

Preparación

Lavar, pelar y trocear las verduras y las frutas.

Batir todos los ingredientes menos el aceite y el agua.

Cuando esté todo batido, añadir el aceite y el agua y seguir batiendo hasta conseguir la textura deseada.

Decorar con unos granos de granada.

Servir frío.

Gazpacho de
remolacha

Tiempo: 20 minutos

10 raciones

Ingredientes

700 g de remolachas peladas y
   cortadas en tiras

1 ¼ l de agua

2 cucharadas de concentrado de
   tomate

1 cucharadita de sal

1 pepino cortado en trozos
   grandes

3 tomates medianos en trozos
   grandes

1 cebolla pequeña troceada

2 cucharadas de aceite de oliva

60 ml de zumo de limón recién
   exprimido (2 limones)

1 pizca de pimienta negra

Leche vegetal (opcional)

Preparación

Colocar las tiras de remolacha en una olla sopera y añadirles el agua, el concentrado de tomate y la sal.

Tapar parcialmente el recipiente de manera que haya espacio libre para que salga el vapor. Llevar el contenido a punto de ebullición y después dejar que se cueza a fuego lento durante 5 minutos.

Transcurrido ese tiempo, la remolacha debería quedar tierna, pero sin haber perdido su textura crujiente.

Retirar del fuego y dejar que se enfríe por completo.

Introducir la mezcla de la remolacha en un robot o batidora junto con el pepino, los tomates y la cebolla.

Verter también ahí mismo el caldo de cocción de la remolacha, el aceite de oliva y el zumo de limón.

Batir los ingredientes hasta conseguir la textura que nos guste. Por último, añadir pimienta y sal al gusto.

Trasladar a un recipiente, tapar y guardar en el frigorífico al menos durante 30 minutos. Servir con un chorro de leche vegetal.

Salmorejo

Tiempo: 20 minutos

6 raciones

Ingredientes

150 ml de aceite de oliva virgen extra

2 dientes de ajo

1 kg de tomates maduros

1 cucharadita de sal

150 g de pan de uno o dos días antes

30 ml de vinagre de manzana

Preparación

Hacer un corte en cruz en la base de cada tomate que no sea demasiado profundo; cortar la piel es suficiente.

Calentar agua para pelar los tomates. Cuando esté hirviendo, añadir los tomates y dejar entre 30 segundos y 1 minuto. Mientras tanto preparar un bol con agua fría y hielo. Sacar los tomates del agua caliente y ponerlos en el bol con agua fría.

Con el enfriamiento repentino la piel se separará del cuerpo y serán más fáciles de pelar.

Cortar el pan en trozos pequeños y ponerlo en un recipiente grande.

Pelar los tomates, cortarlos en varios trozos y ponerlos sobre el pan junto con la sal, el vinagre, el aceite y los ajos.

Pasar todo por la batidora hasta que quede muy fino.

Probar para ajustar el sabor de la sal y del ajo.

Por último, reservar en el frigorífico y servir bien fresquito.

Se puede servir con unos granos de granada o con manzana muy picada.

Vichyssoise

Tiempo: 60 minutos

6 raciones

Ingredientes

300 g de puerro (solo la parte blanca)

50 ml de aceite de oliva virgen extra

50 g de margarina

700 ml de agua

50 g de patatas

1 cucharadita de sal

1 pizca de pimienta blanca

1 pizca de nuez moscada

200 ml de nata

Cebollino fresco o perejil picado para decorar

Preparación

Limpiar los puerros, haciendo incisiones en cruz en el extremo más verde, y lavar generosamente bajo un chorro de agua. Cortar en rodajas y reservar.

Pelar y cortar las patatas en trozos.

Rehogar en una sartén el puerro junto con el aceite y la margarina durante 8 minutos.

En una olla sopera calentar el agua. Añadir las patatas junto con el puerro, la sal y la pimienta blanca.

Cocinar durante 20 minutos a fuego medio o hasta que las patatas estén blandas.

Añadir la nata y la nuez moscada y triturar con una batidora de mano hasta que no queden grumos.

Dejar reposar en la nevera. Servir frío con el cebollino o el perejil espolvoreado por encima.

Para finalizar

spero que estas recetas te animen a recuperar la sopa como uno de los platos estrella en tu cocina. En frío o en caliente, en crudo o cocinada, siempre la podemos disfrutar independientemente de la temporada. Además, es un excelente recurso para cuando tenemos prisa o para sorprender a los comensales de una manera saludable.

Las sopas que presento en este libro no solo nutren nuestro cuerpo físico, sino también nuestra parte emocional y espiritual. Como decía el médico de la antigua Grecia Hipócrates: «Que tu medicina sea tu alimento y el alimento tu medicina». Esta frase adquiere mayor sentido en una época como la actual, en la que la mayoría de las enfermedades que padecemos tienen frecuentemente como origen la manera de alimentarnos. Y es que a lo largo del día ingerimos gran cantidad de «comestibles» que no son alimentos, no nos aportan nutrientes y no nos dan vida —más bien nos la quitan.

Yo personalmente me adentré en el mundo de la alimentación saludable y del veganismo gracias a mis dos hijos, Salma y Daniel. Al empezar a interesarme e informarme sobre la mejor manera de alimentar a mi hija, me di cuenta de los engaños que envuelven a la industria alimentaria y de los venenos que añaden a los alimentos: conservantes, colorantes, potenciadores del sabor, refinados, azúcares..., en fin, una larga lista de químicos que nos hacen adictos a ciertos productos que, de otra manera, no seríamos capaces de ingerir.

Siempre pienso en los niños cuando elaboro las recetas de cocina. En una sociedad en la que los grandes *lobbies* de la alimentación cada vez utilizan más químicos para encubrir los venenos que digerimos, alimentarse de manera saludable es uno de los mejores legados que les podemos dejar a nuestros hijos.

Desde hace unos meses también tengo una página web que se ha convertido en una extraordinaria herramienta para mí ya que me permite guardar las recetas que cocino, adapto y «veganizo», además de compartirlas con todas aquellas personas que quieran introducirse en el mundo del veganismo. Así fue como nació ThermoVegan.

Como decía Krishnamurti: «No crean nada de lo que les digo, experiméntenlo». Espero que disfrutes preparando estas recetas tanto como lo he hecho yo al cocinarlas para este libro.

ANA

Índice de recetas

SOPAS DE CEREALES

SOPAS DE LEGUMBRES

CREMAS CALIENTES

CREMAS FRÍAS

Recursos

Bibliografía

Carlos de Vilanova. *La dieta de los batidos verdes*. Editorial Sirio, 2015.

Colin T. Campbell. *El estudio de China*. Editorial Sirio, 2012.

Isa Chandra Moskowitz y Terry Hope Romero. *Veganomicón*. Gaia Ediciones, 2013.

Myrna Chandler Goldstein y Mark Allan Goldstein. *Superalimentos, el top ten de la naturaleza*. Editorial Sirio, 2015.

Simone Ortega. *1080 recetas de cocina*. Alianza Editorial, 2004.

Odile Fernández. *Mis recetas anticáncer*. Urano Ediciones, 2013.

Victoria Boutenko. *La revolución verde*. Gaia Ediciones, 2012.

_____*Smoothie: 200 recetas sencillas para un salto radical a la salud natural*. Gaia Ediciones, 2015.

Internet

Cocina vegana con Thermomix: www.thermovegan.com.

Consejos, recetas y trucos para vivir de una manera diferente y más natural: www.audreyazzaro.com/

Fundación Dieta Mediterránea: http://dietamediterranea.com/

Instituto de Salud Natural de Ann Wigmore: http://annwigmore.org/

Portal de noticias, recetas, trucos de cocina vegana: www.gastronomiavegana.org/

Documentales

Considerados los tres mejores documentales sobre los pilares del veganismo: salud, medio ambiente y ética animal: *Earthlings* (2005) - abuso animal, *Forks over Knives* (2011) - alimentación vegana y *Cowspiracy: The Sustainability Secret* (2014) - medio ambiente.

Índice